二軍監督の仕事

育てるためなら負けてもいい

高津臣吾

光文社新書

目次

NPB

二軍チーム一覧

（2018年10月現在）

イースタン・リーグ	
チーム名	ホームグラウンド
東北楽天ゴールデンイーグルス	楽天イーグルス利府球場（宮城県宮城郡）
埼玉西武ライオンズ	西武第二球場（埼玉県所沢市）
東京ヤクルトスワローズ	ヤクルト戸田球場（埼玉県戸田市）
千葉ロッテマリーンズ	ロッテ浦和球場（埼玉県さいたま市）
読売ジャイアンツ	読売ジャイアンツ球場（神奈川県川崎市）
北海道日本ハムファイターズ	ファイターズ鎌ケ谷スタジアム（千葉県鎌ケ谷市）
横浜DeNAベイスターズ	横須賀スタジアム（神奈川県横須賀市）

ウエスタン・リーグ	
チーム名	ホームグラウンド
中日ドラゴンズ	ナゴヤ球場（愛知県名古屋市）
阪神タイガース	阪神鳴尾浜球場（兵庫県西宮市）
オリックス・バファローズ	舞洲サブ球場（大阪府大阪市）
広島東洋カープ	広島東洋カープ由宇練習場（山口県岩国市）
福岡ソフトバンクホークス	タマホームスタジアム筑後（福岡県筑後市）

※二軍チームは、一軍のセ・リーグ、パ・リーグと異なり、ホームグラウンドの近い地域で、２つのリーグに分かれる。

※イースタンとウエスタンでは、チーム数が異なる。

2017年度

二軍成績

イースタン・リーグ						
チーム	試合	勝利	敗北	引分	勝率	差
巨　人	125	74	44	7	.627	—
楽　天	122	70	47	5	.598	3.5
ヤクルト	126	63	56	7	.529	11.5
ロッテ	120	55	60	5	.478	17.5
西　武	117	51	62	4	.451	20.5
日本ハム	124	51	68	5	.429	23.5
DeNA	123	48	70	5	.407	26.0

ウエスタン・リーグ						
チーム	試合	勝利	敗北	引分	勝率	差
広　島	115	57	49	9	.538	—
中　日	109	52	51	6	.505	3.5
ソフトバンク	119	54	57	8	.486	5.5
オリックス	112	50	53	9	.485	5.5
阪　神	122	52	60	10	.464	8.0

※中止による再試合は行われないため、各チームの消化試合数が異なる。最終的な消化試合数での勝率で順位を決定する。

出所）NPBホームページ

2018年度

二軍成績

イースタン・リーグ						
チーム	試合	勝利	敗北	引分	勝率	差
巨　人	118	73	41	4	.640	—
ヤクルト	121	61	52	8	.540	11.5
ロッテ	118	59	54	5	.522	13.5
DeNA	115	53	54	8	.495	16.5
楽　天	119	52	60	7	.464	20.0
西　武	119	48	64	7	.429	24.0
日本ハム	123	45	68	10	.398	27.5

ウエスタン・リーグ						
チーム	試合	勝利	敗北	引分	勝率	差
阪　神	115	68	40	7	.630	—
ソフトバンク	115	66	43	6	.606	2.5
オリックス	115	45	57	13	.441	20.0
広　島	109	43	55	11	.439	20.0
中　日	117	39	64	14	.379	26.5

※本書に登場する方々の役職・肩書きは、２０１８年10月現在のものです。

序章　二軍監督の仕事とは、何か？

二軍監督の仕事をしている。

現役時代とは違い、背番号が大きくなったユニフォームを着て（いまの僕の背番号は99）、若い選手たちを育てる。

ドラフトで指名されてきた選手がほとんどだから、スカウトに素質を見込まれてプロの世界に飛び込んできた有望株ばかりだ。それでも、育ってきた環境によって野球を知っているかどうか、かなりの差がある。ただし、野球の知識が不足していたとしても、プロになって24時間野球漬けになれば追いつくことは可能だし、僕としては、思いっきりプレーできる環境をどうやって作れるか、それればかり考えている。

そして、東京ヤクルトスワローズの二軍のグラウンドがある戸田（埼玉県）で面倒を見ていた選手が一軍に昇格し、活躍している姿を見ると、本当にうれしい。

2018年には、ルーキーの村上宗隆が一軍に昇格して初打席・初本塁打を打った時は、僕も興奮したし、本当にうれしかった。

2年目で、まだ19歳の梅野雄吾がシーズン後半にブルペンで活躍し、クライマックスシリーズでもマウンドに上がったのを見て、「19歳って、こんなに成長するものか」と驚いたこともあった。

そして3年目のサウスポー、高橋奎二《けいじ》が9月になってから一軍に昇格し、投げるたびに心配しながらも、彼の投球内容が良くなっていくのを見るのも楽しかった。そして、10月2日に初勝利をあげたのも、自分のことのようにうれしかった。

2018年、僕は50歳になるが、野球のことでいまだに一喜一憂できる自分は幸せだと思っている。現役時代、クローザーとしていろいろなマウンドに立っていた時は、「これ以上の仕事はない」と信じていたが、いまは若手を育てるこの仕事こそが生き甲斐だと思える。

ただし、情熱だけで務まる仕事ではないし、僕ばかりが先走っても、選手が育つわけでもない。自分は監督だが、コーチ陣たちとうまくコミュニケーションを取りながら、選手たちを育てていく。毎日、ちょっとずつ進歩してもらえるように。

2年間、二軍監督をやってみて、「二軍監督の仕事って、結局のところなんだろう？」と、時々考えることがある。

ファーム（二軍）の試合では、若手、あるいは調整に来ているベテランを起用しつつ、試合の指揮を執る。しかし、そこにいたるまでに、プロ野球の球団ではたくさんの意思決定、プランの作成が行われている。僕は今回、プロ野球の二軍という、人材育成の場でどんなことが考えられ、行われているのかを紹介しつつ、改めて二軍監督の仕事というものを見つめ直そうと思っている。

パッと思いついただけでも、これだけ考える材料がある。

・若手を育てるためのプランとは？
・ベテランとどう接するべきか？
・人材育成のための組織
・海外のケーススタディを学ぶ
・監督として初めて知る野球の魅力

・プロの戦術

一軍投手コーチの時（2014～16年）は、投手のことだけを考えていればよかったが、いまは全体に目を配らなければならなくなった。

球団の将来を託せる人材を育てるためには、選手の素質だけで大きく育つことは難しいし、指導者側のイメージ、プラン、そして一軍、二軍、フロントスタッフなどの組織が連動しなければ無理なのである。育成について、球団では意外に会議が多いことも、多くの野球ファンの方はご存知ないかもしれない。いろいろな話し合いが行われていることも、ぜひ知ってほしい。

それでも、最終的に二軍監督として僕が心がけるべきことは、いたってシンプルだと思う。選手が気分良くプレーできるかどうか、その環境を整えることを忘れないということだ。

もちろん選手に対しては厳しいことも言うし、二軍の試合でも勝敗がかかったシビアな場面を迎えることもある。僕だって負けず嫌いだから、9回で同点の場合には、ひとつのアウトごとに投手をつぎ込み、最善をつくす（ところが、二軍戦ではそんなに潤沢に投手をつぎ込めない）。

それでも、最終回のしびれる場面を迎えて、打者が思いっきりバットを振れるかどうか、投手が二死満塁、しかも3―2のカウントで、目いっぱい腕を振ってストレートを投げられる環境を用意できるかどうかは、周りにいる大人たちの仕事だと思う。

要は、選手がもやもやしたまま打席に立ってしまったり、気分が乗らずにマウンドに向かったりするようなことがあっては、監督やコーチがしっかり仕事をしていないことになるのだ。

僕がこう考えるようになったのも、現役時代の経験が大きい。僕は野村克也監督（当時。以下略）の下《もと》でシンカーを磨き、プロとしてのキャリアを築くことができた。

野村監督は「データ重視のＩＤ野球」というイメージが強く、選手に対して細かい指示を出しているとみなさんは思っているかもしれない。しかし、実際は違った。僕がマウンドに立ったら、大半のことを僕と捕手、バッテリーに任せてくれた。

野村監督のスタイルというのは、守備についている9人のうち、捕手があくまで現場の監督で、投手は捕手のイメージにどう対応していくのかの責任を負う。野村監督は、それをじっと見守る監督だった。決して一球ごとにサインを出すわけでもなく、選手を信頼して、思い切り野球をやらせてくれる監督であり、やりにくいと思ったことは一度もなかった。

もちろん、宿題はたくさん出るし、予習・復習もあった。そうした面での大変さはあったけれど、こと試合となれば、あくまでゲームは僕らのものだった。

つまり、気持ち良く僕らを送り出してくれたのだ。

そして、野村監督の下で野球がますます楽しくなり、僕は野球を楽しんでいたからこそ、ヤクルトからメジャーリーグへと渡り、韓国・台湾・そして独立リーグの新潟でもプロ野球の世界にどっぷりとつかった。いろいろな場所で野球を経験したことで、若い選手をどう育てていくのか、各国の考え方も目《ま》の当たりにしてきた。

もちろん、技術を教えることは大切な仕事だ。ただ、どの国であっても、いい野球の指導者というのは、試合で若い選手たちを送り出す時に、

「頑張ってこい!」

と背中をポンッと押せる人だと思う。

僕は、二軍でそういう仕事をしたい。

第1章　育てる

——育成には、プランが大切だと改めて知った

二軍監督の醍醐味《だいごみ》

二軍監督になって、この仕事が圧倒的に「面白いなあ」と思うのは、10代の選手を育成できることだ。

極論すれば、ファームの仕事は高校を卒業し、プロに入ってきたばかりの選手をどう育てるかに尽きる。

大学や社会人を経てプロになった選手は即戦力としての期待もかかっているし、ある程度スタイルも完成している。どちらかといえば、彼らはルーキーであっても「開幕一軍」でデビューできた方が球団にとってはありがたい。

ところが、高卒の選手はなんだかんだ時間がかかる。2018年入団の村上にしても、抜群の打撃力を持っているが、二軍でしっかりと仕込んだ方が、将来的に大きく飛躍してくれると思う。

二軍にいると、自分の「育成欲」というか、どうやって彼らの力を伸ばしていけばいいのか、次から次へとアイデアが湧いてくる。

2017年から僕は二軍監督となり、将来のヤクルトを背負って立つ人材を預かっている。

先発投手では高橋奎二（龍谷大学付属平安高出身、２０１６年入団）、寺島成輝《なるき》（履正社高出身、２０１７年入団）には大きな期待がかかっているし、梅野雄吾（九州産業大学付属九州産業高出身、２０１７年入団）は入団2年目にもかかわらず、8月に再昇格してからだけで26試合に登板し、チームを支えてくれた（将来的に、彼には先発の可能性も十分にある。そのつもりで僕は育てた）。

野手に目を転じると、捕手の古賀優大（明徳義塾高出身、２０１７年入団）、そして三塁を守り、９月16日の一軍でのデビュー戦でいきなり本塁打を打った村上宗隆（九州学院高出身、２０１８年入団）といった面々は、まさに逸材と呼ぶにふさわしい。彼らの成長に関して、僕は大きな責任を負っている。

可能性を秘めた彼らを育てるのが、いまの僕の生き甲斐だ。本当にタイミング良く、この仕事に巡り会えたと思う。

当然のことながら、僕の仕事は一軍がペナントレースを争えるよう、二軍の選手を成長させ一軍へと送り込むことだ。

それでも、大卒の選手と高卒の選手を一軍に送り出す時では、心持ちが違う。なんだか自分の子どもを手放すような気持ちになってしまうのだ。

たとえば、捕手の古賀は2018年のシーズン、一軍で7試合に出場したが、一軍の事情は抜きにして、自分としてはもう少し二軍で教えられることがあったんじゃないかと、不安を抱えながら一軍へと送り出した。もちろん、「化けてくれ」と思いながら（ただし、プロ野球はすぐに奇跡が起きるような甘い世界ではない）。

また、二軍で先発していた梅野が、一軍に上がるとブルペン（投球練習場。そこで試合中に投球練習を行う中継ぎ、抑え投手のことも指す）へと配置転換になった。そこで連投しているのを見ると、「体力、持つかな？」と気が気ではなくなる。一軍のブルペンで過ごすとのハードさを、僕は嫌というほど味わってきたから。

プロ野球の世界は、ペナントを争うことが目的であり、そのために必要な人材であれば、当然一軍にいるべきだ。しかし、二軍監督として選手を預かってみると、必ずしもそればかりが正解ではないかもしれない――そう思うようになってきた。

許されることなら、選手の育成にたっぷりと時間をかけ、一軍に上がった時には野手であればレギュラーを取れる、投手であればローテーションに入れる状態にしておきたいのだ。もう、一軍に上がったらすぐに鮮烈デビューするくらいまで手元に置いておきたいと思う。

僕の考えでは、「完成品」を一軍に輸出するイメージである。

「強化指定選手」という存在

自信をもって選手を送り出すためには、「プラン」が必要になってくる。

僕がヤクルトに入団した１９９１年と現在では、選手の育成に対する考え方はずいぶんと変わった。

いま、球団では毎シーズン、ドラフト上位で指名し、チームの将来を担う人材を「強化指定選手」に定めている。

強化指定選手は、球団の未来を託す選手である。とにかく成長の機会を与え、その経過を編成をはじめとしたスタッフ、そして球団のコーチが定期的にモニターしていく。

具体的なことを書くことはできないが、強化指定選手になると、先発投手ならばシーズンで特定のイニングを投げさせるようにするし、打者の場合は何打席以上を確保するよう、二軍監督としてマネージメントする。

たとえば、高橋の場合は二軍でほぼ10日おきに先発させたが、これも育成プランに基づいた起用法である。一軍に昇格してからも同じような登板間隔で先発しており、一軍と二軍が同じ発想で育てていることを分かっていただけると思う。

超高校級の選手がプロに入ってくると、マスコミ、ファンのみなさんは早くその姿を一軍で見たいと思うだろう。しかし、ファームで一定の経験を積んだ方が、長い目で見た場合、選手が成功する確率が高くなるという考え方が、日本のプロ野球でも珍しくなくなってきた。「育成」の意味が認識されるようになったのだろう。

育成面でいえば、いまのヤクルトは本当に将来が楽しみな選手がそろっている。先ほど名前を挙げた選手だけでなく、野手では廣岡大志（智辯学園高出身、２０１６年入団）が開幕一軍でプレーした。一軍と二軍を往復する場合もあるが、経験と育成をうまく組み合わせていきたいと考えている。

強化指定選手の育成については、二軍に任せっきりになっているというわけではない。編成・スカウトをはじめとした経営サイドと、一軍・二軍のコーチたちが情報を共有する。

強化指定選手が特別なのは、開幕前に育成方針を球団が固めると、どんなことがあってもその成長を黙って見守るという決まりがあることだ。

投手の場合、ストライクがまったく入らなかったとしても、そのまま投げさせる。強化指定選手であれば、シーズン中にピッチングフォーム自体をいじるなどするのは避ける、という取り決めがある。

ただし、「もうちょっと体重移動をしっかりしよう」とか、「下半身の使い方を意識して」といった程度のアドバイスはする。ただし、先発でどうしても結果が出ないからリリーフに回すなどはもってのほかだし、コントロールや球速に問題を抱えていたとしても、腕の角度を下げようとか、選手生命に関わる変更はシーズン中には絶対にしない。

打者も同じだ。どれだけ打てなかったとしても、打撃フォームをいじるようなことはしない。

僕は、これは二軍で選手を育成できることのプラス面であり、特権だと思っている。なぜなら、若い選手が一軍に上がったら結果を求められてしまう。自分のフォームとか言っている場合ではなく、勝利のために右打者が流し打ちを求められる場面では、ベンチの要求に応えなければならない。

しかし二軍は違う。僕は試合前や試合中のダグアウトから、若い打者には「思いっきり振れ！」と言い続け、投手には「速い球を投げろ」としか言わない。僕は二軍監督として、彼らにはとことん「自分らしさ」を求めてほしいと思っている。そして二軍は、限界を追求し、可能性を広げていく場所だと思っている。

二軍は、試合の勝敗も大切だが、指導者としては選手たちの限界を広げてあげる場所だと僕は考えている。

だから、誤解を恐れずにいえば、育てるためなら試合では負けてもいい。

そして一軍に上がった時に、勝つために必要な仕事、たとえば一点を取るための外野フライだとか、進塁打などを学んでいけばいい。まずは、土台をしっかりと固めることが大事なのだ。

「見せ練」はやめてほしい

若手には、とにかくのびのびプレーしてほしい。それが僕の願いだ。思い切りプレーすることが一軍に上がる近道だと、身体に叩き込んでほしい。

そのことを僕は、2018年の1月31日、二軍の西都《さいと》キャンプ（宮崎県）が始まる前日にミーティングで選手たちに話した。

それに加え、もうひとつ重要なことを伝えたかった。僕が話したのは、「見せ練」をやめてほしいということだった。

〝見せ練〟というのは、野球界の符丁で「監督やコーチにアピールするために練習すること」を指す。見せ練をする選手は、いつの時代にもいる。ただ、僕は見せ練が大嫌いなので、こんなことを話した。

「基本的に練習は自分でやってほしい。全体練習は1時間で終わります。それ以外のところは自分で考えて練習してもらいたい。とにかく見せ練はなし。監督が見てる、コーチが見てるから、打撃練習でもうひと箱打っておこうとか、もう少し走っておこうとか、絶対にやめてほしい。意味ないから」

この話を、僕はミーティングのいちばん最初に話すことで強調しておきたかった。

「俺、見ないから。若い子も、ベテランも、自分がやるべきことをやったら、すぐに帰って身体を休めてもらった方がいいから。それに、俺も帰りたいからね。そのことを肝に銘じてキャンプで過ごしてほしいと思います」

僕は、必要なことを自分で考え、コーチを巻き込む練習を選手たちにしてほしかった。日本のプロ野球の場合、コーチが「ちょっと打とうか」とか、「俺、ノック打ってやるから」というコーチの〝上から目線練習〟が多い。困ったことに、選手たちも声がかかるのを待っている節がある。どうやら、コーチから「自分は期待されている」という気持ちになるらしい。

違うだろ、と思う。そうではなく、自分でバッティング・マシンをセットして、「コーチ、ちょっと見てもらえますか」と、大人を巻き込んでいくような選手の出現を僕は期待していた。

実は、2018年からはヤクルトに最高のお手本がいた。青木宣親《のりちか》である。青木ほどの立場になれば、誰からも指示されることはない。青木はひとりで黙々と自分に必要なメニューをこなしていく。

とにかく打ちたい、走りたい。青木の原点はそこにあり、その姿勢を学んでほしいと思っていた。「青木さんがやってるんだから、俺も」と自然に思うようになれば、最高である。それは絶対に力になる。

反対に、「監督がいるから、もう少しクラブハウスに残っていよう」というのは、僕からすれば最悪で、早く帰って自分の時間を作ってほしいと思ってしまう。

〝やる気〟を待つ

見せ練はもう要らない。そんな時代でもない。自然と湧き出る感情を大切にしてくれれば、絶対に野球はうまくなる。そう思うのは、僕のアマチュア時代の経験が影響している。

高校、大学の7年間は、いろいろな意味で苦しい野球生活をおくった。正直なところ、嫌々ながら練習をやらされていた。いっぱい走らされたし、いっぱい投げさせられた。

それでも、僕は練習量についての不満はまったくない。ガンガン練習できたからこそ、長い現役生活をおくることができたからだ。強靭な足腰、そして全力で１００キロのカーブを投げられたのも、投げ込みで地肩が強くなったことと無縁ではないと思っている。

僕が後悔しているのは、とにかく「練習をこなさないと」という気持ちが支配していて、前向きな気持ちで練習していたとはいえなかったことだ。

いまになってみると、本気でいっぱい投げていたら、もっとうまくなっていただろう。

後悔先に立たず。本当にもったいないことをした。

もっともっと、うまくなりたいという欲を持っていれば、僕の野球人生もまた違った形で展開していたのではないかと思う。

僕は監督になって、そうした自然な「欲」を引き出したい。そして選手たちから出てきた欲に応えなければいけないのが、監督・コーチの仕事だ。

選手を潰すのは簡単だ

欲を引き出す雰囲気作りと並んで、育成する側には、明確なプランに基づいた起用方針が必要だ。「機会」をどう作るか、と言い換えてもいいかもしれない。

プロ野球の世界で、選手を潰すのは簡単だと思う。プレーさせなければいい。ただそれだけだ。そうすれば、試合の感覚が失われ、技術が崩れ、メンタル的にも追い込まれてしまう。ユニフォームを着て試合に出る幸せを奪えば、野球選手は死んだも同然だ。

二軍の試合を見ていて幸せなのは、機会を作ることで、選手の未来が拓《ひら》けることなのだ。

野手の場合、機会を作ることはシンプルだ。とにかく試合に出し、打席・守備機会を増やす。それによって経験が蓄積され、成長が期待できる。そういうわけで、強化指定選手であれば、どんなことがあっても二軍の先発から外すことはない。

ただし、投手の育成については、登板機会とコーチングの二本立てが必要になってくる。その意味で、野手よりも投手の方が育成コストはかかる。

2018年の場合、僕に課せられた大きな課題は、寺島と高橋、そして梅野が将来的に一軍の先発ローテーションに入れるよう、土台を作ることだった。

先発の育成方法を紹介すると、誰もが高校時代に地方大会では中数日でばんばん投げていたわけだが、プロに入ったら先発は1週間に一度、基本的に中5日か中6日の登板間隔になる。まずは、故障せずにシーズンを通して先発を守れれば球団にとっては大きな財産になる。

時には、打ち込まれても強化指定選手であれば、心を鬼にしてマウンドに立たせ続ける。勝ち負けよりも、「投げること」が彼らの成長につながることを信じて。

試合はもちろんのこと、僕たちの腕の見せどころは、次の登板までの５日間なり、６日間でプロの投手に育てることだ。なぜなら投手の場合、やることがたくさんあり、ありすぎてこなせないほどだからだ。

まずは高校からプロに入った選手の場合、継続的な体力作りが必要になる。さらに技術面では、牽制球やバント処理などの投内連係を仕込みつつ、セ・リーグの場合は打撃練習、特にバント練習もしなければならない。そうした練習をこなしながら、ブルペン・セッション、そして試合での登板が入ってくる。

練習を重ねれば重ねるほどプロの投手らしくなっていくのだが、若い選手の場合、難しいのは練習漬けにすると飽きてしまうことがあるのだ。そんな時は「詰め込まず、追い込みすぎず」ということを意識して、少し練習を軽くしたり、あえて投球練習を少なくしたりする。するると、選手の方から投げることへの意欲が出てくるようになる。

「監督、今日はちょっと遠投をやっていいですか？　遠投のあと、ショートスローもやりたいんですが」

こうした言葉が選手から出てくると、本当にうれしい。投手の原点は、投げる喜びを味わうことだからだ。それに、野球視点の話をさせてもらえば、三塁から一塁に向かってショートスローをするだけでも、投球練習をするくらいの効果は十分にある。

さらっと書いてしまったが、18、19歳の若者からこうした〝やる気〟を引き出すのは、根気のいる仕事だ。

前述のように、高校でガッツリ練習漬けだった選手の場合、野球に飽きていることがあり、そうした選手は、ちょっと目を離すとサボってしまう。一方で、高校ではあまり仕込まれていない選手もいて、このタイプの選手にはプロの練習を通じて野球の面白さを伝えていきたいと考えている。そうやって、やる気を引き出したい。

でも、こちらが引き出したいという意欲をギラギラさせているとダメで、その意味で、少しばかり気長に待つ姿勢が必要だ。

育成面で外せない打順もある

打者の方はどうだろうか。とにかく機会を与えることが育成にそのままつながるわけだが、ヤクルトの二軍監督として「どうしても外せない」仕事がある。

一軍に上がった時に、その選手がどんな役割を果たすのか。それを想像しながら打順を組む場合があるのだ。

２０１８年のシーズンでいえば、村上は４番で固定だった。どんなことがあっても動かすことはない。これは僕というよりも球団の意志である。

現状、村上は一軍に上がれば下位打線を打つことになるが、将来的にはヤクルトの屋台骨を背負って立つ選手であり、ファームの時点から４番が打席に立つシチュエーションを叩き込む。ファームは４番としての「帝王学」を学ぶ場所なのだ。

村上はプロ１年目のシーズン、ファームで実力を発揮したが、万が一、打てなかったとしてもずっと４番に据えていた。それくらいの逸材なのだ。

また、捕手の古賀は打席でどんなに結果を残そうとも、8番に固定している。なぜなら、古賀が一軍に上がった場合、間違いなく8番に入るからだ。二軍はＤＨ制が採用されているものの、古賀には、次のバッターが投手であることを意識しながら打席に入るように話す。

こうした形で、一軍と二軍は連動していく。

組織としての連係が必要なのはこういう部分で、ここがブレてしまっては、チームとして機能していかない。

選手は時に覚醒する

打者であればどの打順に置くか、投手であればローテーションに入れるかどうかが、球団から選手へのメッセージである。

面白いもので、じっくり育てようと思っていた選手が、突如として化けることがある。

2018年に入団してきたルーキーの大下佑馬は、6月下旬に一軍にコールアップされたが、正直なところ、「大丈夫かな」と思って送り出した。一軍との話し合いでも、「経験の意味合いもあるから」ということだった。ところが一軍での登板を見ていたら、「あれ、こんな球を投げられるのか」とびっくりしてしまった。キレがあり、一軍の投手らしくなっていたのだ。たぶん、一軍のマウンドで何かをつかみ、自信を持ったのだろう。

僕の一軍の投手コーチとしての経験、そして二軍監督として現場を預かった身からすると、大下のように一軍で化けるケースが時としてある。ただし、珍しい。それよりも、二軍にいる時にまったく予兆なく、「わっ、いきなり球が速くなってるぞ」とか、「えーっ、こんなにボールを飛ばせるようになったのか!」といった、驚くような進化を見せる選手がいる。

過去には、阪神タイガースの藤川球児がいきなり速球派に変身したことなど、二軍の世界ではこうした「覚醒」がしばしば起こりうるのだが、大下は一軍で化けるという珍しいパターンだったのだ。

もちろん、ゆっくりうまくなっていく選手もいる。こちらのケースの方が多いだろう。打者だと、外角の球をうまくさばいてヒットにしたのが偶然なのか、それとも技術が身についたからなのかどうかは、しばらく様子を見てみないと分からない。指導者としては、それが再現できるように手助けをすればいい。「再現性」を作ることは、プロの世界ではとても重要なことだ。

ゆっくりうまくなっていった選手ならば、再現できるように気づきを与え、それによってより覚醒してくれれば最高の流れになる。野球が面白い状態になれば、すぐに表情に表れるので、「やる気出てきたなあ」と分かる。

ただ一方で、二軍でドンと技術が落ちる現場を目撃することもある。こういう時は、明らかに表情が沈んでいるケースが多く、どうアドバイスをするべきか、悩むことも多い。

二軍と一軍のギャップをどう乗り越えるか

育成で難しいのは、喜び勇んで一軍に行ったものの、まったく結果を残せずに二軍に落ちてきた選手たちへの対応だ。かなり落ち込んでいることもあるし、技術だけでなく、精神面での〝治療〟に当たるのは切ない。

プロ野球選手にとって、二軍と一軍の「ギャップ」をどう乗り越えられるかが、成功できるかどうかのカギになる。

ギャップとは、たとえば高校からプロに入った時に感じる体格や、技術的な「差」のことで、二軍から一軍に上がった時にも、大なり小なり誰もが感じることだ。

投手でいえば、アマチュアとプロの差は「コントロール」の違いにある。プロで成功している選手は、狙ったところに制球できる。簡単に書いてしまったが、本当に狙ったところに投げられるのだ。「なんとなく、あのあたりに」というのでは通用しない。アマチュアの場合は「だいたいあそこ」という感覚なのだが、プロの場合はピンポイントで制球できなければ結果を残せないのだ。

この制球におけるギャップを埋めることも、二軍の仕事のひとつだ。

ただし、二軍の場合、「なんとなく、あのあたりに」というコントロールでも、何かひとつでも秀でたものがあれば結果を残せることがある。そうなると、一軍にコールアップされるチャンスが膨らむ。

育てる、という観点からすると、こういうシチュエーションがいちばん難しい。

二軍としては、もう少しじっくり育てた方がいいんだけどなあ……という場合もある。ただし、優勝を狙う一軍としては、どうしてもこの選手を上げたいという状況になることは珍しくない。

選手は一軍でプレーしたいのが当たり前だし、二軍監督が「まだ早い」と言って昇格を見送ったとしたら、きっと恨むことだろう。それに、大下のように成功するケースもある。

昇格のタイミング

僕としては、「いったい、いつ昇格させるのが正しいのだろうか？」と思い、過去に成功した選手の履歴を調べたことがある。

「スラッガー村上」を育てるにあたって、参考にしたのは横浜ＤｅＮＡベイスターズの筒香《つつごう》嘉智《よしとも》の育成方法だ。

高卒で、左打者。筒香はどんな成長過程をたどって、いまのようなスラッガーになったのだろうか？

筒香は横浜高から入団し、１年目の２０１０年にファームで本塁打26本、打点88と、イースタン・リーグでナンバーワンの成績を挙げていた。

とんでもない数字だ。いま、現場を預かっている僕からすれば、「こんなに打ってるのに、一軍でプレーさせなかったのか」と驚いた。

このシーズン、横浜（当時は横浜ベイスターズ）が筒香を昇格させたのは10月になってからのことだった。よくぞ、横浜の首脳陣は我慢して育成に徹したと思う。

その後の筒香の育成過程を見ていくと、2年目も二軍で本塁打王になり、そしてようやく3年目の2012年に一軍に定着するようになる。

実は、このシーズンの評価が難しいのだ。筒香は一軍で100試合以上プレーしているのだが、打率が2割1分8厘と低く、まだまだ試行錯誤の段階だったと思われる。

この3年目を受けて、DeNAはどうしたか？　4年目も筒香を一軍に置いておいたのだが、起用法が定まらず、一軍ではプレー機会が少なくなり、本塁打は1本だけだった。

このあたりの判断は難しい。二軍で打席に立たせた方がいいのか、それとも一軍でプレーのチャンスを与えた方がいいのか、球団としては判断が分かれてもおかしくない。

ところが5年目に筒香はいきなりブレイクする。そのきっかけは、中畑清監督が筒香をサードから外野へコンバートしたことだった。〝機会〟を与えられた筒香は打率3割ちょうど、本塁打も22本にまで伸ばし、横浜を代表する選手になったのである。

この育成パターンを見ると、いろいろなことを考える。他球団の育成をあれこれ評価するのは失礼だが、２年目までは出場機会を確保するため、ファームでじっくりと育成するのもアリなのかな、と思う。

やはり、難しいのは一軍のレギュラーに定着させるタイミングだ。筒香でさえも、４年目に回り道をしているように見える。ファームで２年目まではトントン拍子で成長していたので、球団としても、３年目は一軍でも同じような結果を期待したのだと思う。

ところが、一軍は相手も研究してくるし、弱点があぶり出されて、課題が出てきた。期待通りの結果が残せなかったため、４年目の育て方にブレが出たのではないか。

もしも、４年目のシーズンにどこかのポジションに定着していたら、それなりの結果を残したはずだ。一軍は結果が求められるので、このあたりの選手起用が難しい。

筒香のケースを見ると、僕はしっかりと二軍で機会を与えてから昇格させた方がいろいろな意味でいいのではないかと考えている。

村上の場合、将来はヤクルトの４番を打ってもらわなければならないから、２０１８年のように少しずつ一軍を経験しつつ、一軍と相談しながらレギュラーとして定着できるタイミングで送り出したい。そして僕としても、高卒のルーキーを、いい形で育てられる指針を自分でつかみたい。

おそらく、近い将来にはどの球団もしっかりとしたプランに基づいた育成が根づいていくはずだ。それが指導者としての僕らの世代の役割だとも思っている。目安としては3年目、4年目で一軍に定着できるような育成プランを作るのが重要だ。

他の球団の二軍監督が、「どうやって村上を育てたんだろう?」と調べてもらえるようにならないといけないと思う。

アメリカの育て方に学ぶ

有望株をじっくりと育てていくという考え方は、僕がアメリカでプレーしていた時に学んだものでもある。

アメリカでは球団の将来を背負って立つ人材を獲得したら、「プロテクト」といって、マイナーでじっくり育成する方法を採る。それもメジャーのすぐ下のトリプルAではなく、ダブルAでプレーさせることも珍しくない。

僕がアメリカでプレーしていた時期に、サンフランシスコ・ジャイアンツのマイナーにバスター・ポージーという捕手がいた。この捕手がとにかく打つ。２００９年のシーズンなどは、マイナーで３割以上をマークし、「どうしてこんなすごいバッターをメジャーに上げないんだろう?」と不思議に思っていた。

聞いたところによると、ポージーはジャイアンツにとって大切な選手だから、育成に必要な時間をマイナーで過ごしてからでないと、メジャーには上げないのだという。

このアイデアを聞いて、なるほどと思った。アメリカの球団では、決して目先の一勝を追い求めて若い選手を昇格させることはせず、大きく育ててから引っ張り上げるのだな、と。

それになにより、メジャーでは育成をするという発想がない。メジャーは戦える「完成品」しか求めていないからだ。

ポージーは２０１０年に一軍に定着し、２０１０年、２０１２年、２０１４年のワールドシリーズ優勝に貢献。２０１２年には打率３割３分６厘で首位打者を獲得し、ＭＶＰにも輝いてジャイアンツの「顔」になった。

しかも、ただマイナーに置いておくという発想だけではなく、選手の成長をしっかりとチェックするシステムもアメリカでは機能していると思った。

球団のジェネラル・マネージャー（以下、ＧＭ）を筆頭に、マイナーにはディレクター、育成担当の巡回コーチがいるなど、選手を育てる仕組みがある。

僕は、ここにアメリカ野球の豊かさを見た。選手の育成のために、多くの人間を雇用できる余裕。選手を昇格させるにも、行き当たりばったりではなく、マイナーのコーチ・監督からディレクターに報告が上がっていき、それが最終的にはメジャーリーグのＧＭに集約され、昇格が決まっていく。

二軍監督となったいま、僕としては日本の球界でも、こうした発想をぜひとも取り入れてほしいと思っている。

ヤクルトにも「ディレクター」という役職があり、選手たちの育成を見守り、そして社会人としてしっかりと生きていけるように指導する。

ただし、いまの時代は若い選手を預かるというのは、技術ばかりを仕込めばいいというものではない。ＳＮＳ時代を迎え、プロ野球選手として恥ずかしくない行動も身につけなければならなくなっており、社会人としての常識も仕込まなければならない。スタッフ・指導者の仕事はたしかに増えている。

努力をすれば、いいことがあるさ

われわれは球団のプランに則って選手たちを育成していくわけで、誰にでもチャンスはある。ただ、プロの世界では素質や技術が大きな要素を占めるのは間違いないが、運が必要なこともある。

僕が若い選手に大切にしてほしいと思うのは、とことん野球をやったかやらないか、努力したかしないかということだけだ。若い時はそれでいい。そうした姿勢が運をも呼び込む。

二軍でプレーしている10代の選手たちを観察していると、「絶対にやってやる！」と思っているのは、投手よりも打者の方が多いように感じる。二軍の場合、打者は配球や読みというよりも、とにかく気合で絶対に打つ、と意気込む選手がたくさんいる。高卒でプロに入ってくる選手だと、それなりに自信を持っているということもある。

それに引き換え、投手はまだまだ自信がないケースが目立つ。「絶対に抑え込んでやる！」という強い気持ちよりも、プロの打者相手に投げる恐怖心の方が勝ってしまうのだ。

たとえば、打者が一軍から落ちてきた投手と対戦したとしたら、楽しみの方が勝るはずだ。ここで打てば、一軍につながると考えるだろう。

しかし、逆の立場になって考えてみると、高卒のルーキー投手が実績のある打者と対戦するのは、かなりプレッシャーになると思う。

たとえば、川端慎吾（２０１５年首位打者・最多安打）や畠山和洋（２０１５年打点王）と二軍で対戦するのはかなりのプレッシャーになるのではないか。抑えてやる、というよりも、相手のことを探りながら、自分の球種でどうやったら抑えられるだろう？　という疑問の方が先に立ってしまうのは自然なことだ。

そうした状況をどうしたら切り抜けられるか、それをアドバイスするのが二軍監督の仕事であり、コーチの役割だ。

そしてひとつひとつ成功体験を積み、自信を深めていく。

僕のキャリアを振り返ってみると、現役時代はとことん練習し、相手のことを研究したうえで、絶対に抑えてやろうと思っていた。特に野村克也監督から勧められて、シンカーを習得してからは勝ち気に打者に挑み、とにかく抑え込むのが、ピッチャーとしての仕事だと思っていた。ひょっとしたら、こうした勝ち気な姿勢が、運をも呼び込んだのかとも思う。

ところが、50歳近くになってから、ずいぶんと野球に対する考え方が変わってきた。野球の場合、相手もあることなので、こちらが最高の準備をしたとしても、相手が上回ってこちらが負けることは往々にしてある。

一生懸命やって負けたら仕方がない。

指導者になると、そう思える境地に達するようになるのだ。

だから、選手が失敗しても責める気にすらならない。

ひたすら、努力を怠らず、失敗した経験をプラスに変えてほしいと願うばかりだ。

かわいい選手たち

２０１８年の夏、こんなことを聞いた。

二軍の練習が休みの日、寺島や高橋、古賀といった若手が何をして過ごすかという話になったらしい。ヤクルトの若手が住んでいる合宿所は埼玉・戸田にあり、埼京線を使えば池袋や新宿、あるいは大宮といった繁華街に出かけられる。ところがその日、二軍の若手たちが何をしたかというと、戸田の河川敷で「缶蹴り」をしたというのだ。

缶蹴り！　僕は小学生の時以来、やっていないと思う。

ところが二十歳《はたち》前後のヤクルトの若手は缶蹴りをして、目いっぱい楽しんだというのだ。

遊んだ選手のひとりは、

「みんな、運動能力めっちゃ高いんで、かなりレベルの高い缶蹴りだったと思います」

と話していた。そりゃ、そうだろう。プロ野球選手の缶蹴りはとんでもないレベルに違いない。

僕はこの話を聞いて、なんだかとても心が和んだ。かわいいな、と思った。

僕が二軍で面倒を見ている選手は、とても個性的だ。

寺島はキャッチボールの時から、狙っているところから少しでも外れると、「ああ、もう！」とか自分にいら立っている。いつも、完璧なボールを投げたいと願っているタイプだ。ただし、完璧主義者が必ずしもいいとは限らない。寺島は試合中もずっと熱いタイプで、感情をうまくコントロールできない時もある。打たれ始めるとカッカするのだが、それが自分の弱点だと分かっていて、グラブには「冷」という文字が刺繍してある。「ひやい」と読むのだそうだ。それを見た僕は、「お前、ええこと書いてあるなあ」と褒めた。きっと、寺島はいつか一軍のマウンドで冷静なピッチングを見せてくれるだろう。

高橋は、まだ身体ができていない部分もあり、僕としてはじっくりと育てたいと思っているのだが、「俺がエースになる！」というオーラがハンパない。投手としてステップアップしたくて仕方がないので、めちゃくちゃ意欲的に練習する。その意欲を殺《そ》がないように育てていこうと考えている。

僕は、「プロの世界は練習をやったもん勝ちだよ」というメッセージを伝えていきたい。

振り返ってみれば、僕は広島の高校から東京の亜細亜大学に出てきて、それこそ休む間もなく練習を続けた。当時の大学の練習は、質よりも量をこなす方に重点を置いていたが、僕のキャリアを考えた時に、とにかく量をこなしたことはその後の野球人生に大きくプラスになったと思っている。だからこそ、彼らにはとことん練習してほしい。

育てる側としては、一所懸命に練習することの価値を伝えていきたい。

彼らは、一所懸命だ。そして、ふっと自由時間をもらった時に、どうやって時間を潰したらいいか分からなくて、仲間と缶蹴りをしたのだろう。

そんな純粋な選手を、成長させたいと思う。

それが大人の仕事だと思う。

第2章　モチベーションを高めるために必要なこと

プロの証——青木宣親と山田哲人に備わっているもの

「プロ野球のグラウンドにはゼニが落ちている」といったのは、南海の監督だった鶴岡一人さんだが、ゼニを稼ぐにも、野球がうまくなるのが先決である。

プロになれば、毎日好きなだけ練習することができる。つまり、若いうちであればあっという間に上達する。そして二軍から一軍に上がり、より活躍の場が広がることになる。しかしそこから先、「本物のプロ」になれるかどうかは、その選手の性格にも関わってくると僕は思っている。

幸い、ヤクルトには最高のお手本がいる。

第1章でも触れた青木宣親と、もうひとりが山田哲人《てつと》だ。

僕は彼らのプレーだけでなく、練習への姿勢を見て、本当のプロだと思っている。

ふたりに共通しているのは、自分にはどんな練習が必要か理解していること。そして、試合では結果がどうであろうと、次のプレーに向けて切り替えが早いことだ。

山田はホームランを打っても、喜ぶ素振りさえ見せないし、ダグアウトに帰ってきても淡々としている。

チャンスで凡打に倒れた時も、絶対に悔しいはずなのに、普通に見える。これは、なかなかできることではない。

青木は、メジャーから戻ってきた2018年、チャンスで凡退して悔しそうな表情を見せるなど、喜怒哀楽を出すには出すのだが、それを引きずらない。すぐに次のプレーへと気持ちを切り替えている。

野球選手として、これはすごいことだと思う。プロで一流になるためには、淡々といいプレーをし続けるか、悔しくてもすぐに切り替えなければならない。

僕は、二軍の選手たちにそうしたことを見据えながらプレーしてほしいと思っている。

青木のように、山田のようになってゼニを稼ぐ――そういうモチベーションを持ってくれたら指導しやすいだろう。

一軍と二軍の選手への接し方の違い

振り返ってみれば、一軍の投手コーチ時代だった3年間は、実績のある大人の選手を相手にしていることもあり、自分の思ったこと、感じたことを言葉にして、選手に高いレベルのパフォーマンスを要求していた。

当時、僕が使っていた言葉には、「しっかり調整しろよ」「しっかり自分がやってきたことを出せよ」とか、仕事ができて当たり前、というニュアンスが強かったように思う。

それがいまは違う。誤解を生むのを承知で書くが、二軍は育成が最優先されると思っているので、極端な話、場合によっては試合では負けてもいい。

たとえば、実際にこんなことがあった。試合の勝敗を考えるならば、先発の高橋、寺島を引っ張らずに、スパッとブルペンと交代した方が勝つチャンスは高くなる、と思った場面があった。

打撃でも、相手投手との相性・確率を考えたら、廣岡にはここで代打を出した方がいいな、と思ったことがあった。

しかし、どのような場面になっても、僕は彼らを替えることはなかった。

それが球団を背負って立つ選手の育て方であり、選手のモチベーションを上げることにつながると思っている。

では、彼らに何を求めるのか？

先発投手であれば、緊張する場面を切り抜ける方法を見つけてほしい。若いリリーフ投手がいたとしたら、あえて緊迫した場面で投げさせ、思い切ったボールを投げ込んでほしい。

打者であれば、チャンスの場面でいいところを見せてほしい。どうせ替えるのだったら、打席に立たせてから守備の時に交代させればいい。ノーサインで打者に任せ、思い切ってバットを振って、結果を出してくれればいい。

僕が思っているのは、そういうことだ。二軍ではワイルドに、どんどん思い切って野球をやってくれればいい。

そこでたとえ失敗しても構わない。結果が出なかった時のリスクは承知している。それでも思い切りプレーしたことで、「自分にはこれが足りないんだな」と気づいてくれれば十分だ。そこで練習に前向きになってくれれば、僕とコーチ陣がいろいろなアイデアを提供することができる。

僕は彼らに二軍の〝特権〟を謳歌してほしい。

選手に任せた！　そう腹をくくってのフリーな采配がうまくハマった時は、チームはうわーっと盛り上がる。若手が結果を出すと、雰囲気が明るくなり、練習での流れも良くなる。これはもう、最高の瞬間である。

若い彼らが一軍に上がったら、細かいルールに則ってプレーしなければならなくなる。それが一軍の野球だ。選手個人が持っている素の力で勝負することができなくなる。一軍であらゆる状況に適応するためには、自分のスタイルや「型」を見つけなければならないし、そうでなければ、野球でお金を稼ぐことはできない。

打者は全員が全員、ホームランバッターになる必要はないが、パワーがないのなら、ライト前にコツコツボールを運ぶなり、二軍でスタイルを身につければいいのだ。

そのために、二軍監督というのは、選手に機会を与えることが重要であって、それが野球選手にとって最大のモチベーションにつながる。

ただし、二軍には将来の球団を背負って立つ選手ばかりがいるわけではない。なかなかプレーするチャンスに恵まれない選手もいる。

それでも僕は、ダグアウトにいる選手にはできるだけチャンスを与えようと思っている。なぜなら、ユニフォームを着てダグアウトに座り、ずっと声を出しているだけじゃ、野球はつまらない。ましてやプロなのだから、練習ばかりでは苦しくなるだろう。

そう思っているので、監督としてすべての選手を試合に参加させてやりたいと心がけてはいる。必ずしも、そうはならない時もあるのだが……。なかなか出場するチャンスがない選手だったら、代走で試合に出る機会を与えたい。

ハングリー精神は、育てられるのか？

ただし、うまく機会を作ったとしても、まったく響かない選手が稀にいる。

僕がプロに入った時にも、なぜか分からないが一軍に上がりたくなさそうな人がいた。プロだというのにそんな人がいるのかと、驚いた。

そうした考えを持っている選手のモチベーションを高めるのは正直、難しい。その人のプレースタイル、いや、野球に対する考え方なので、発想から変えるというのは重労働だし、そこまで指導者が指導するのも筋が違う気がする。

きっと、何か野球が嫌になるようなことがあったのかとも思う。ただ、プロにまで上がってくる選手なわけだから、小さいころは野球がうまくなりたいという欲求は持っていたはずだ。

たとえば、小学校の時には、投手であれば相手を全部三振に取ってやろうと思っていたはずだし、打席に立ったら全部ホームランを打つ気でいただろう。

プロの世界は、「4番ピッチャー」で小学校から中学校、そして高校までやってきた連中ばかりだが、プロに入って4番ピッチャーの時の気持ちを忘れてしまった選手は、絶対にうまくならない（だからこそ、大谷翔平はどんどん野球がうまくなっている気がする）。

中学、高校で勝ち抜いてきた気持ちがプロで萎えてしまったら、もったいない。ちょっと気持ちがネガティブになっている選手がいたとしたら、こちらとしても励ますけれど、気持ちの部分についてはなんとか昔の自分を取り戻してほしいと願うしかない。

モチベーションを保つうえでは、ヤクルトの場合は支配下選手も他の球団に比べて少ないので、実は一軍に上がるチャンスは多い。特に２０１７年などは一軍の選手にケガが相次いだので、たくさんの入れ替えがあった。

日本のプロ野球の隠語で、「二軍の帝王」という言葉があり、これはベテランになっても二軍でブイブイ言わせている選手のことを指す。

給料でそれなりに食べられるし、「ヤクルトの選手なんです」と言えば聞こえもいいだろうし、新人に対しても指導的な立場でいられる。幸いなことに、ヤクルトにはそうした選手がいない。おそらく、昇格するチャンスが多いからだろうと思う。

ただしいまは、なんでも段取りを組んでもらい、そのレールに乗ってきた選手が多くなっているという気はする。その意味で、自分からガツガツいく選手が、僕らが現役時代から比べると少なくなっているかもしれない（おそらく、僕が20代だった１９９０年代には、僕らの先輩たちも同じことを考えていたとは思う）。

僕はルーキー時代、「自分はヤクルトの投手の序列の中で、15番目だ」などと、自分の置かれているポジションのことをよく考えていた。なんとかして這い上がりたい。それればかり考えていた。自分の技術を磨くのが大前提だが、序列で上にいる人たちが一軍に上がればチャンスも増えるはずだ、とか、そんなことまで考えていた。

いまの二軍の選手にも、そうしたモチベーションを持っている選手はいるとは思うが、とにかく二軍ではどん欲にやってほしい。

試合に出なければ自分の置かれている立場は確認できない

僕が、自分は15番手だ、とか感じていたのは、やはり試合での投球内容からだった。こればかりは練習だけでは分からないもので、本気の相手と勝負してこそ分かるものである。

大学や社会人を経由した選手であれば、そうした客観的な視点を持つことができるだろうが、高校を出たばかりの選手だと必死になるしかない。そうした選手に対しては、とにかく試合でプレーするチャンスを作る。そして試合でうまくいったこと、いかなかったことを反省して、向上心が湧くように仕向けていく。

もしも、新人をずっとベンチに置いておき、練習しかさせなかったら、その選手は気持ちの面で落ちていくばかりだ。

活躍の場を作り、自分が必要な人材であることを感じてもらいたい。

僕が現役時代、野村監督の「人事」で面白いケースがあった。1990年代のヤクルトのキャッチャーといえば、誰もが古田敦也さんのことを思い浮かべるだろう。そして野村監督は、控えに息子のカツノリ（野村克則）を置いていた。すると、「カツノリを一軍に置いているのは身贔屓《びいき》なんじゃないか？」と思う人もいたようだが、その見方は浅い。

当時、ヤクルトには野口寿浩《としひろ》というキャッチャーがいて、野口は二軍でプレーしていた。野村監督は野口のことを評価していて、毎日プレーさせるためにあえて二軍に行かせていたのだ。野口は1994年、古田さんがケガで戦列を離れた時に一軍のマスクをかぶったが、それが可能だったのも二軍で毎試合プレーしていたからだ。

もちろん、野口にとってはつらかっただろうが、それが野村さんなりの「人事」だった。

そして2018年のヤクルトでは、野口、カツノリともにコーチとしてチームを支えてくれた。「野村イズム」は20年経ったいまも、われわれの世代によって継承されていると思う。

野口の例を引くまでもなく、スポーツの世界は試合に出て、相手と勝負してようやく自分の立ち位置が分かる。俺はこんなバッターに打たれるような投手なのかとか、難しい変化球が打てた！　といった、いろいろな反応をする中で、自分の置かれているポジションが分かるようになる。

二軍の場合、人のやりくりが大変なこともあって、突拍子もない選手を起用せざるを得ないこともあるのだが、僕はそうした形であっても、できるだけ選手たちにチャンスを与えたい。とにかく自分の置かれている状況を確認し、課題を見つけるためには試合に出るのがいちばんいい。

ヤクルトに限らず、高校を出たばかりで不安を抱えている選手がいるとしたら、コーチ陣は、ドラフト下位指名の選手たちを教えることを、とても楽しんでいることを知ってほしい。

ドラフト下位の選手たちは、身体は細いし、投げ方は悪いし、全部がうまくできないから直しどころが満載なのだ。それでも、速い球が投げられたり、強い打球が打てたりするからドラフトで指名されたはずなのだ。だから、コンプレックスを持ちすぎずに、「教わり上手」になってほしい。きっと、伸びしろがあるし、コツをつかんだ時の変化が大きい。

また、コーチ陣は実験的な要素も入れつつ指導していくから、コーチの経験値も高まっていく。だから、高校を出たばかりの選手たちはどんなことでも吸収していってほしい。

ただひとつ、プロの世界では高校時代に鍛えられた「ハイ！」という素晴らしい返事は求めていない。高校を出たばかりの選手は、理解してもいないのに「ハイ！」と答えることが多く、これには閉口する。

プロのコーチたちが求めているのは質問なのである。

どんな選手がプロとして生き残れるのか？

試合に出してもらった。じゃあ、そこで課題が出てきた。そこから先が大切だ。

プロとして成功する、あるいは生き残るために必要なものはなんなのか？　現役、そして指導者になってからの結論は、

「とんでもない〝特徴〟を1個持っているヤツ」

というものだ。

たとえば、投手としてすべてが合格点、スピードも140キロ出せて、コントロールもまずまずというバランス型の選手が居場所を見つけるのは難しい。

それよりも、めちゃくちゃ球が速い選手や、とんでもなくコントロールがいいとか、えげつない変化球を持っている選手の方が将来性がある。目に見えない要素としては、どんな場

面になっても動じない選手にもチャンスがある。

突出した特徴を持つ選手を目にした時は、本当にワクワクする。

僕がヤクルトに入った時、本当にびっくりしたのは〝ギャオス〟こと、内藤尚行《なおゆき》のコントロールだった。

内藤は僕と同い年だが、彼は高校からプロに入っていたのでヤクルトでは入団が4年先輩になる（ただし、日本のプロ野球界の場合、何年生まれかが「先輩・後輩」の関係性を決める。メジャーリーグだと、何年プレーしているかの経験年数によって決まる）。

僕の入団当時、ギャオス内藤はすでに5年目を迎えてチームの中心的な存在になっていたが、キャンプのブルペンで見ていたら、キャッチャーが構えたところにボールがビュンビュン行く。それこそ百発百中だ。「プロって、こんなにコントロールがいいのか」と舌を巻いた。これは大変なところに来てしまったと思った。

その横では、西村龍次《たつじ》が投げていた。西村も同級生で、高校から社会人のヤマハを経てプロ入りしていたので、ヤクルトで3年目を迎えていた。

その西村のカーブがえげつなかった。昔でいうドロップのような感じで、今でいえばパワーカーブ。「えっ、なんだよ、このカーブは?･」と思った。こんなんじゃ、絶対に勝てないと青くなってしまった。

後輩では、1992年に入団してきた石井一久（現・東北楽天ゴールデンイーグルスGM）がヤクルトに入ってきた時もぶったまげた。粗削りで直すところはたくさんあったけれど、とにかく球が滅法速かった。

たしか、巨人戦で駒田徳広さんの後頭部を通過する150キロの球を投げてしまった。駒田さんは「身体はしょうがないけど、頭はやめろ」と怒り、石井は「すみません！」と頭を下げていた。石井は先輩には腰が低い。とにかく石井はコントロールに問題はあったけれど、誰が見ても超一流の球を持っていた。

石井はメジャーリーグでも制球で苦しんでいたかもしれないが、そのことでかえって打者からは狙い球が絞りづらくなることもある。明らかな長所があれば、そうした弱点を武器に変えることさえ可能だ。だからこそ、二軍では長所を引き立たせたい。

つまり、プロの世界は、ひとつの部分でとんでもなく秀でた人たちが集まっている場所なのである（超一流になると、それがいくつも備わっていることになる）。

入団当時の僕のように、これじゃ生き残れないと思うのは当たり前だが、そこで自分の特徴を発見してほしいのだ。

面白いもので、石井のように高卒で150キロ近い球を投げられる選手というのは、十中八九コントロールが悪い。

プロの世界でコントロールが良いというのは、前に書いたように捕手が構えたところに100パーセント、コントロールできることを指す。ところが、豪速球投手は、いわゆる「逆球（捕手が構えたところとは逆方向にボールが行ってしまうこと）」が行ったり、もう、手がつけられなかったりする。

反対に球が遅い選手でも、とてつもないコントロールを持っていたとしたら、プロで生き残れるだろう。

フォーシーム（いわゆるストレート＝直球）が135キロで、カーブ、スライダーも大した威力がないとしても、すべての球種を狙ったところに投げられれば大丈夫だ。ただし、百発百中でなければならない。

巨人の上原浩治などは、ストレートとフォークの2種類の球しかないけれど、抜群のコントロールだけでなく、投球フォームで球種の見分けがまったくつかないので、スペシャルな投手になっている。

プロとして活躍するために、どんな特徴を持つべきなのか。僕は分かりやすいという意味で、「思い切り投げろ」「思い切り打て」と声をかける。頭を使っていない、調子のいい言葉に聞こえるかもしれないが、それがとんでもない特徴を発見するいちばんの近道だからだ。

１６０キロのストレートを投げられるなら、それは全世界でも数えるほどしかない才能だ。打球を遠くまで運ぶことも同じ。それに、そうした選手には〝華〟があるから、ゼニが取れる選手になれる。

ギャップを埋める手伝いをする

僕がギャオス内藤や西村に対して感じたようなギャップ——それが進むとコンプレックスにつながってしまう——心理的な負い目を払拭してあげるのがコーチたちの仕事だ。

野球選手の人生で、次のステップに上がると「ここではやっていけない」と誰しもが思うはずだ。

たとえば、僕が高校から亜細亜大学に入学した時、「大学生って、こんなにスピードがあるのか」と面食らった。投手の球速も違うし、打者の打球、走者のスピードも何から何までが違う。それに、身体の大きさも違った。僕は大柄でもないし、細身なので、まったく通用しないんじゃないかと不安で仕方がなかった。それでも、ひとつひとつ心理的な障壁をクリアして、どうにか大学3年くらいには大学レベルで通用する選手になれた。

ましてや高校からプロに入った選手は、ギャップどころかカルチャーショックを受けるだろう。自分の父親と同じような人たちと一緒に野球をやるのは、面白さもあるだろうが、戸惑うことの方が多いはずだ。

大卒の僕だって、ブルペンで同い年の選手たちの投球には度肝を抜かれたが、野手では初めて広澤克実（当時は広沢克己）さんを見た時には、

「うわぁ、デケえなあ。なんだか熊みたいだ。こんな世界に俺はついていけるわけがない」

と思い込んだほどだった。

そうしたショックから、ちょっとずつでも自信を持たせることが「慣れる」ということにつながる。

ギャップを感じて落ち込んでいる選手に、

「これがプロの世界だ。お前もしっかりせんとな」

と言っても無駄だ。それよりも、いいところを見つけてあげることが、心理的なギャップを埋める作業につながる。

一般社会でも同じなのかもしれないが、仲間、先輩たちに認めてもらうということが大切

なのである。

「ストレート、キレ出てきたなあ」とか、「打球が見えんかったぞ」とか、僕が実感したことを素直に伝えている。そして選手が自分の成長を実感してくれればよい。その意味で、二軍監督になってからは、前向きな言葉を探すことが多くなった。

カウンセリングとモチベーション

練習で自信を持ってもらい、ギャップを埋める作業を進めつつ、強化指定選手レベルの場合、二軍でとにかく試合に出て経験を積む。野手は、試合に出続けることでたくさんプロの球を見て、目を慣らし、技術を高めていく。

投手の場合は、ひとつひとつのマウンドが重要になる。投げるたびに結果を残してくれればこちらの仕事は減るが（でも、そうなったらそうなったで、案外寂しいかもしれない）、打たれてしまう場合も、もちろんある。

実は、強化指定選手が打ち込まれた場合、ベンチも我慢が必要になる。育成目的の選手は、試合前に決めた投球数を投げるまで、どんなに打たれたとしても使い続ける。決めただけの球数を投げ、中5日なり、中6日の間隔を空けてローテーションを守ることが一軍へとつながっていくからだ。

そうはいっても、連打にあい、それでも6回までは投げさせなければならない投手を見るのはつらい。ボロボロになりながら交代、というケースも中にはある。勝負するためなら、もっと早めに替えていただろうが、替えても本人のためにならないから投げさせ続ける。

本当につらいのだが、これが球団の描いたプランだ。ならば、それに沿ったマネージメントをするしかない。

若手の投手が打ち込まれた場合、試合が終わってからが監督の仕事の本番だ。試合直後、あるいは翌日に話し合いというか、カウンセリングを行う。

たとえば、打ち込まれてしまった場合、「どうしたの、あの回は?」というように質問を投げかける。決してネガティブな言葉は使わない。

それでも、若い投手だとこの問いかけにうまく答えられる選手は少ない。心の整理ができていない場合が多く、冷静に自分の投球を振り返ることができないのだ。

こうした場合、技術の問題なのか、気持ちの問題なのかを見分けるのは難しい。多くの場合は、それらが絡み合っている。

ただし、プロの選手なので、それなりに技術の課題を挙げてくる。「セットポジションになってから、コントロールが悪くなってしまって……」と言ってくれれば、そのあたりに修正のためのヒントが隠されている。そして、次のブルペン・セッションでは、セットポジションからなぜコントロールが乱れてしまうのか、その原因を探ればいい。

当然のことながら、選手の話が必ずしも解決につながらない場合もある。それでも、あえて「聞く」ということが大切だと僕は思っている。上から目線で「ここがおかしかったんじゃないか」と押しつけてしまっては、成長にはつながらない。選手の言葉に耳を傾ける方がよい。

メンタルダウンを防ぐ

専門的な話をすると、プロというのは相手のことを徹底的に調べるので、それを気にし始めると投球がおかしくなってしまう投手もいる。

先ほどの例でいえば、若い投手はセットポジション（投球直前に、軸足をプレートにつけ、もう一方の足を前方に出し、ボールを身体の前に両手で保持して静止する姿勢のこと。主にランナーがいる時に用いる投げ方）になると、それなりにプレッシャーを感じる。プロでは、投手がモーションを起こしてから捕手のミットにボールが収まるまで何秒かかるかタイムを計測されるし、投球フォームの癖に関してはとことん研究される。

高校を出たばかりの投手が、プロのすごさ、えげつなさを意識し始めると、ドツボにハマっていく。高校までは球の勢いだけで抑えられたかもしれないが、修正しないまま一軍に上がったら、ボロボロにされてしまう。

二軍は徹底的に準備をすることで、一軍に上った時のメンタルダウンを防ぐ場所でもある。ただし、選手の性格を見極めないと、より精神的に追い込むことになってしまいかねない。昔は「そこから這い上がってこいや！」と言うだけで済んだのかもしれないが、いまはそういう時代ではない。やはり、技術的な問題や、自信を回復させる方法を採る方が無難だろう。

そうした場合も、指導者の方が無理やり引っ張るのではなく、選手が自ら正しい方向を向くことを大切にしたい。

専門的な話で恐縮だが、プロではセットポジションが崩れた場合、ずっとセットポジションで投げさせるという治療法がある。

ワインドアップ（投球動作の始めに、胸を張り、両腕を頭上に持っていく投げ方）とセットポジション、ふたつの技術に取り組んでいるから綻《ほころ》びが出てくるのであって、セットポジションに統一してしまい、技術的な負担を軽減するという方法だ。

しかし、できればコーチの方から話すのではなく、選手が自分から「全部、セット（ポジション）で試したいんですが」と言ってくるように、コーチとしては仕掛けたい。

そのためにも、選手の声にしっかりと耳を傾けなければならない。

指導者にとっては、選手が話すことの「本質」を見極めることが大切だ。

選手の経験が浅いと、どうしても自分を冷静に振り返ることが難しく、本人の話を聞いていても、「まあ、そりゃそうだろうけど」とか、「ちょっとズレてるんだよなあ」と感じることも少なくない。

それでも、まずは聞くことを大切にする。たとえば、ランナーを出した時に、どんな気持ちになっていたのか。どこに注意して投げていたのか。そこに修正点がある可能性は高い。

その意味で、感覚を言葉にできる選手は成長するチャンスが大きくある。

もちろん、こちらはプロとしてのキャリアが長いから、治療法が分かっている時もあるのだが、いま時、「絶対にこうしろ」という指導の仕方では選手には受け入れられないだろう。基本的には選手がやりたいようにやってみて、それでうまくなるのがいちばんである。ただし、選手が取り組んでいく中で、

「こういうやり方もあるからね。実際、このアプローチで成功した選手もいるから」と、違った視点を提示するのが「指導」なのかなと思っている。

僕からすると、指導とは、決して引っ張るものではない。

正しい方向に視線を向かせるのが、指導ではないか――。そう考えている。

良すぎても困る二軍の待遇

自分で考えられるようになれば、野球界で生き残れる可能性は高まっていく。まずは、その気づきを与えたい。そして、どんどんいい環境を求めて技術を磨いていってほしい。

二軍の環境も、僕がヤクルトに入団した１９９１年の時とは大きく変化した。

当時は、プロといっても環境に恵まれているとはとてもいえなかった。球場には必ずしもロッカーが用意されているわけではなく、球場によっては、ダグアウトへ向かう通路や、下手をすれば球場の外で着替えるようなこともあった。

イースタン・リーグの某球団のファームの施設は、いまだにその当時の面影を残しており、僕はその球場に行くたびに、自分の新人時代のことを思い出す。

いま、日本のファームの育成方針は大きな転換点を迎えていると思う。

ひとつは、福岡ソフトバンクホークスに代表されるように、大胆にお金を投資して選手を育成するという考え方だ。

ソフトバンクは福岡の筑後船小屋駅の近くに素晴らしい施設を建設しただけでなく、選手の栄養指導、トレーニングにもお金を使って最高の環境を提供していると聞く。すくすくと育てようという方向性だ。

反対に、二軍の選手により良い環境を提供することに、戸惑いをおぼえる関係者もいる。

僕自身は、二軍監督としてより良い環境は大切だとは思うが、一軍と同じにしてしまっては意味がないと思っている。待遇面で、一軍と二軍の「区別」は絶対に必要なのだ。

たとえば、日本のプロ野球では、多くの球団で一軍と二軍のユニフォームは一緒だ。これについては、一考の余地があると思う。なぜなら、二軍監督の立場からすると、一軍気分のままの選手が時々見受けられるからである。それでは、困る。

このあたりの区別によってモチベーションを上げる方法は、やはりアメリカの方が分かりやすい。

アメリカでは、メジャーリーグとマイナーリーグの球団では、ユニフォームも当然のことながら違う。ホテルのランクは、メジャーとトリプルAでは雲泥の差だし、食事の補助額も大きく違う。マイナーリーグの別称は「ハンバーガーリーグ」というくらいだから、選手たちはこの生活から抜け出そうと必死に練習して、メジャーに這い上がろうとする。

この落差がアメリカの野球のダイナミズムであり、面白さにつながっていると思う。

その点、日本の二軍はちょっと恵まれている気がする。二軍監督としては、いい意味で落差を作り、選手の奮起を促したいと思うこともある。

怒られる

人間は落差があるからこそ、向上心が生まれる。だから、僕としては、二軍の選手にはプロ野球選手というプライドを捨ててほしい。誰かに「俺、プロ野球選手なんですよ」と自慢するために、この仕事をやっているわけではない。二軍はあくまで、一軍でプレーしてお金をもらうために準備をする場だ。

二軍のグラウンドは、とにかくプロ野球のイロハを徹底的に教え込む場所だ。それを身につけてから一軍に上がってほしい。

若手の選手が二軍から一軍に昇格したとする。でも、たいがいの選手は、必ずといっていいほど、しくじって怒られる。ただし、このひと言だけは食らってはいけない。

「お前、ファームで何してたんだ！」

これはいちばんダメなパターンだ。

たとえば、技術的に投手が相手を抑えられないとか、打者であれば一流の変化球を目の当たりにして打てないというのは、仕方がない。

ただ、チームプレーの部分、たとえばサインを覚えていないとか、チームとしての決め事を覚えていなかった場合、どやされることになる。

だからこそ、二軍では、一軍で精神的に追い込まれたとしても、すぐ適応できるように、徹底的に約束事を仕込む。身体が自然に反応するくらいまで。

若い選手は、怒られるとモチベーションが下がる傾向が強い。発奮するというよりも、どんどん精神的に追い込まれてしまい、下手をするとイップスになりかねないので、僕としては二軍でしっかりとチームの鉄則を教え込むようにはしている。モチベーションが下がると、成長には遠回りになるので、それは避けたいのだ。

その意味で、二軍は一軍を補佐する組織なのだ。同じシステムで動き、一軍で何かあった場合には、すぐに対応できる選手を作っておく。だから、キャンプ前の一軍と二軍のスタッフが顔を合わせるミーティングはとても大切だし、オープン戦の意味合いも重要だ。

戦術面のことなので詳しくは書けないが、２０１７年のヤクルトと２０１８年のヤクルトでは、一軍のスタッフが替わったことで、ヒットエンドランひとつ取ってみても、発想が大きく変化した。補佐する組織としての二軍も、一軍の考え方に沿ったサインを出すことになる。

これからは戦術面だけでなく、選手のメンタリティも含め、一軍と二軍が連動できるようにしていきたいとも思う。

SNS時代には、いろいろ教えなければならない

最近、二軍の仕事で増えてきたなあと思うのは、グラウンドの外での仕事だ。高校を卒業したばかりの新人には、山ほど教えることがある。プロ野球界の働き方改革はなかなか進まない。

ルーキーは、試合でバット引き（出塁した選手が使ったバットを片づける係）もやるし、ボールボーイ（ボールを拾ったり、審判にボールを渡したりする係）もやる。二軍は18歳から40歳くらいまでが一緒にプレーする場所で、高校とはまったく違う環境になるが、誰もがこうした下働きを経験して、一軍に上がっていく。

試合、そして練習での技術指導ばかりではなく、生活指導もその中に含まれる。

僕らの現役時代には考えられなかったものとして、ＳＮＳ時代のマナーも教え込まなければならないことがある。

ツイッターで自分が思っていることをつぶやいたり、インスタグラムでライブ配信をしたりすることも結構だが、自分がヤクルトの選手であることを意識してもらわなければならない。もし、不適切な投稿があれば、それは選手だけでなく、球団の責任になりかねない。

若い子を見ていて、「危ないな」と思うのは、どこまでが許されて、どこからが許されないのか、という線引きがとても曖昧だということだ。そのあたりの判断力が乏しいという前提で、選手には対応しなければならない。

僕が二軍で育てている選手に望むのは、「野球一筋」でいてほしいということだ。若いから、いろいろなものに興味があるとは思う。特に、高校時代に抑えつけられながら野球をしてきた選手が東京に出てきたら、いろいろなものに目移りしてしまうだろう。女の子にも興味がある。二十歳を超えれば、お酒も飲みたい。

でも、二軍の間はとにかく努力を惜しまず、野球に専念すれば、きっと結果はついてくる。一軍に上がれば、もっと自由を謳歌できる。

その年代にしかできないことはたくさんあって、たとえば走り込みをしようと思っても、おっさんになってからでは無理だ。プロ野球選手であっても、「お父さんの運動会」になってしまうのがオチだ。40歳前後まで投手をやった連中と話をすると、まず、フィールディングができなくなるという。老いは足に来るのだ。だから、走れるうちに走った方がいいと思うし、野球に気持ちを向かせるのが僕らの仕事だと思う。

僕は経験を信じる

いま、指導者は様々な課題に直面している。その解決のための様々な情報もあふれている。野球でも様々な理論を使って選手たちを指導することができるようになった。アメリカ仕込みのデータ。指導法の分野では、パワハラ、体罰の問題が取り上げられている中で、心理学的なアプローチもいろいろと学ばなければならなくなった。

その中で、「経験」をもとにした指導法の影が、少しばかり薄くなってきたような気がする。

僕は経験を信じる。プロ野球はどれだけ練習したかが勝ち負けを分ける世界だと身をもって体験してきたからだ。

僕のキャリアを振り返ってみると、入団2年目の1992年の秋がひとつの転機になった。その年、ヤクルトは日本シリーズに進出し、西武ライオンズ相手に3勝4敗で敗れた。当時はシーズン130試合で行われていて、ヤクルトは69勝を挙げてセ・リーグで優勝し、相手の西武はパ・リーグで80勝も挙げていた。強い相手によくぞ最終戦までもつれ込んだと思う。

このシリーズで、ヤクルトの打線は西武の潮崎哲也に苦しめられた。サイドスローからのシンカーに歯が立たず、もしも潮崎を攻略していたらシリーズの勝敗は入れ替わっていただろう。

日本シリーズが終わり、野村克也監督と秋季キャンプで面談したところ、監督から、

「高津、あの潮崎のシンカーをお前投げられんか?」

と聞かれた。実は、それまでも「なんちゃってシンカー」みたいな球を投げてはいた。しかし、潮崎の完成されたシンカーとはまったく質が違う。

「無理です」と僕は言ったのだが、野村監督も引き下がらない。

「全力で100キロのボールを投げりゃいいだけだよ。高津、全力で腕振って100キロなんて誰も投げられない。潮崎とは握りが違っても構わない。とにかく100キロだ。これを

覚えたらウチの広沢だって、ハウエルだって打てないぞ」

と野村監督は言うのだが、「このおっさん、何を言ってるんだろう?」と思っていた。

それでも、僕にはこれがチャンスだと分かった。監督が望んでいる球種が投げられるようになれば、絶対に一軍で仕事を任せてもらえると思った。だから、秋季キャンプで必死に練習した。全力で、スローボールを投げ続けた。

しかし、投げても投げても、ボールが速すぎるのだ。まさか、プロに入って「遅さ」を追求することになるとは想像もしていなかった。

ただ、それを繰り返しているとコツがつかめてくる。1日に200球、300球と投げ込んだ。ひょっとして、僕がその時の二軍監督だったら、

「もう、そのへんでやめとき」

と言っていたかもしれない。それでも、僕は投げ続けた。どうしてもシンカーをマスターしたかった。

それに、野村監督は僕がシンカーの練習をするのをずっと見ていた。監督は、どちらかといえば練習中は打撃の方にはあまり構わず、ブルペンにいて投手を見ていることの方が多かった。

そして秋季キャンプを打ち上げるころ、僕は野村監督が望んだようなシンカーを投げられるようになっていた。翌1993年、僕はクローザーに指名されていた。

いまにして思う。

野村監督は、僕のモチベーションをめちゃくちゃ上げてくれた恩人だ。僕に明確な課題を示し、そこから先は僕がシンカーに取り組むのをじっと見守ってくれた。

二軍監督を務めるようになって、僕はこれが若い選手を教えるにあたっての「原体験」になっていると思う。

結局、モチベーションを高めるカギは、話し合い、監督と選手との間にどれくらいの信頼が生まれるかによる。

選手に宿題を投げかけ、それを根気良く見守る。

僕はそうやって選手のやる気を引き出したい。

ただ、付け加えておきたいのは、二十歳前後の選手たちから僕も刺激を受けているということだ。

2018年、サウスポーの高橋奎二は一軍でも勝利をあげるまでになったが、1年を通してローテーションを守り、28試合ほどを投げるまでに身体は完成していない。それはこれからの課題になる。

高橋を育成するにあたっては、細心の注意を払い、中9日からスタートして、段々と登板間隔を短くしていくプランを立てていた。中9日であれば、高橋は一軍でも素晴らしい投球を披露できる能力が備わっている。

僕が高橋に教えなければいけないのは、登板間隔を短くしていった時に、身体にどんな変化が起きるかを自覚させることなのだ。

リカバリーが思ったように進まず、疲れていても構わない。それは高橋の課題であって、これからコーチ陣と一緒になって解決していけばいいからだ。自覚させ、どうしたら次の準備ができるかを教え、覚えさせるのが僕の仕事だ。

高橋は上昇志向が強く、とことん練習したがる。だから僕も意気に感じ、好きなだけやっていいと言う。ウェイトトレーニング、腹筋、ランニング、なんでもいい。納得いくまでやれば、それが身体を作っていく土台になる。

ただし、登板間隔や球数はこちらが管理する。

高橋だけではない。寺島、梅野、古賀、廣岡、村上といった選手たちは、僕に刺激を与えてくれた。

二軍監督として僕も勉強し続けなければならない。息子と同じような年齢の選手たちからも、たくさん教えてもらうことがある。

第3章　育てる組織

ファームの組織作りがいい選手を育てる

二軍というのは不思議な組織で、プロ野球の場合、一軍は選手が少なく、ひとりあたりのコーチの数が多い。ところが、二軍は選手がどの球団も40人以上いるにもかかわらず、コーチの数は一軍よりも少ない。ひょっとして、一軍と二軍のコーチの数を逆転させてみたら面白いんじゃないかと思うこともある。

二軍は予算も限られているので、遠征に行く人数も少ない。全員が行けるわけではないので、誰を連れていき、誰を戸田のグラウンドに残すかを考えなければならない。投手のローテーションだけでなく、人と人との組み合わせ、調整を進めるベテランを負担の大きい遠征に連れていくべきか否か、様々な要素を考慮して遠征メンバーを決めていく。

二軍を預かっていて面白いのは、おそらく一般企業と同じで、プロ野球の組織でも一生懸命頑張るヤツもいれば、サボるヤツもいるということだ。

第2章では選手のモチベーションをどうやって上げていくのかという話を書いたが、第3章では、監督やコーチ個人だけではなく、組織全体として選手を盛り上げていく方法について考えてみたいと思う。

プロ野球の場合、育てる前にスカウトがアマチュアの選手を観察・吟味してドラフトで指名する。スカウトの仕事はそれこそプロフェッショナルで、地道に練習場・球場に足を運んだうえで指名する選手を決める。

いま、プロで大切にされているのが、スカウトと二軍の情報の共有だ。二軍の方もいきなり選手を渡されるのではない。スカウトから情報をもらって、育成プランを考えていく。たとえば、こんな具合だ。

A投手は高校時代にこんな練習をして、1日、そして1週間での球数はこれくらい投げています。ランニングの量は1日に30分ほどで、ドラフトされてからキャンプに入るまでの練習量は、これくらいです——。

こうした報告が二軍に上げられてくる。

僕らの世代が入団した平成の初期、1990年代はこうした連携は密に行われていなかったと思う。スカウトと育成との間で仕組みとしての情報の共有が少なく、二軍のコーチ陣も一からスタート、という感じだったのではないか。連絡があったとしても、コーチとスカウトの個人的なつながりで話を聞く程度だっただろう。

いまは、組織として情報を共有し、選手を育てようという、あるべき姿に向かっていると思う。

こうした情報をもとに育成が始まるわけだが、スカウトから上がってきた情報がそのままプロで当てはまるとは限らない。プロになると、とにかく疲れ、疲労度がまるで異なる。

たとえば、同じ１００球を投げるにしても、高校とプロでは疲労度がまったく違う。高校では1試合に１２０球くらい投げて完投し、しかも3日連投で４００球も投げてタフだと評価されていた選手が、二軍では70球くらい投げたところでバテてくる。

バッターのレベルが比較にならないので、投手への負担が違うのだ。

高校では、自分の球をどんどん投げ込んでいけばいいから、気持ちがいい。ところが、プロに入ると、一球一球を考えて投げなければポーンと打たれるし、ランナーを出すと気を使うことが増えて、消耗してしまう。クイックモーション（小さい動作で素早く投球し、盗塁を防ぐ投げ方）・ノイローゼになってしまうこともある。プロでは「情報処理能力」の性能をアップさせないと、とても太刀打ちできないのである。

スタッフの重要性

こうした情報処理能力や、身体能力を高める作業を、二軍ではスタッフが一緒になって進めていく。僕が2年間、二軍監督を務めて分かったのは、周りのスタッフがものすごく大切だということだ。

２０１８年はチーフコーチの三木肇（来季より楽天二軍監督）、打撃コーチの松元ユウイチと北川博敏、投手コーチの赤堀元之（来季より中日一軍投手コーチ）と小野寺力、内野守備走塁コーチの森岡良介、外野守備走塁コーチの福地寿樹、そしてバッテリーコーチの野村克則（来季より楽天二軍バッテリー兼守備作戦コーチ）と、若くて意欲満々のコーチ陣に助けてもらった。それに加え、ディレクター、マネージャーなどがサポートしてくれ、二軍の選手たちを支えている。ただし、これでも人手が少ないほどだ。

この育てる組織の中で、僕ひとりだけが先走って育成しようと思っても絶対にうまくいくはずがない。やはり、みんなで一緒にチームを作っていかなければ、育てる組織として機能しないと思う。選手を育てるコーチのモチベーションを、監督が下げるようでは失格だ。

その意味で僕が大切にしているのは、監督とコーチの関係性がフラットで、様々な意見を戦わせること。それさえできれば、選手の育成に大きなプラスになると信じている。こうしたコミュニケーションを重視するヤクルトの文化は、ひょっとしたら、僕がユニフォームを着た1990年代から続くヤクルトの財産なのかもしれない。

僕がヤクルトの組織を好ましいと思うのは、基本的にはポジティブな人間が多く、礼儀をわきまえながらも先輩、後輩の間の風通しがいいことだ。たとえば、外国の育成組織はもっと縦関係がハッキリしていて、監督に権限が集中している。アメリカのマイナーだと監督、ピッチングコーチ、バッティングコーチの3人しかおらず、投手交代についても監督が決めることが多い。

それぞれの国の野球のスタイルがあっていいと思うが、僕にとってはヤクルトの合議制のような雰囲気は、とても仕事がしやすい。なぜなら、投手出身の僕には知らないことがたくさんあり、それをコーチたちにサポートしてもらえるからだ。

特に僕が助けてもらっているのは、チーフコーチの三木である。三木とは僕が一軍の投手コーチだった時も一緒にダグアウトにいて、彼の仕事ぶりを知っている僕としては、どうしても三木には助けてほしかった。

一軍ヘッドコーチの役割

三木は上宮高校出身で、1996年にヤクルトにドラフト1巡目で入団した。2007年までヤクルトでプレーし、翌年に移籍した北海道日本ハムファイターズで現役を引退。2009年から2013年までは日本ハムでコーチとしてチームを支え、2014年から古巣のヤクルトに指導者として戻ってきた。

最初は二軍の内野守備走塁コーチだったが、2015年には一軍のコーチとなり、この時期に僕と一緒に仕事をするようになった。三木は2016年から一軍のヘッドコーチを兼任するようになったが、彼の仕事ぶりは本当に参考になった。

一軍のヘッドコーチは、組織を円滑に運営するうえでもっとも大切な存在と断言してもいいと思う。

僕らの世代の野球人にとっては、ヘッドコーチというと、巨人で活躍された牧野茂さんのことが思い出される。

牧野さんは、川上哲治監督、そして藤田元司監督を補佐した名参謀だ。作戦を立て、試合の動きを読んで監督に助言し、先手を打っていくのがヘッドコーチの役割だと、僕らの世代は教わってきた。

ところが、僕が2017年に二軍監督に就き、当時は一軍のヘッドコーチだった三木と仕事をするようになって驚いた。一軍のヘッドコーチの役割とは、作戦面だけではなく、一軍と二軍の選手の行き来を調整したり、荷物の移動などを円滑に進めたりすることも含まれるのだ。

とにかく、三木の仕事ぶりを見ていると、発見の連続だった。シーズン中に一軍と二軍で選手の入れ替えを行うとする。一軍の監督が選手に「明日から二軍に行ってくれ」と言うだけでは仕事は進まないし、二軍監督の僕に「あの選手、明日から一軍に合流させてください」と電話をかければ済む問題でもない。

選手の入れ替えで大切になるのは、「ロジスティクス」だ。選手は身ひとつで移動すればいいわけではない。球団が、対象となる選手のユニフォーム、用具を動かさなければ選手はプレーすることができない。

三木の仕事で感心したのは、その連絡方法だった。まず、三木の携帯から僕の携帯に連絡が入る。電話に出ると、三木の声ではなく、一軍のマネージャーの声である。最初は違う声なのでギョッとするのだが、三木は意図的に一軍のマネージャーから電話をさせていた。マネージャーは、

「二軍監督に、ヘッドコーチから連絡があるそうです」

と話して、すぐ三木に替わる。そうして三木は、誰と誰を入れ替えるという話を僕にする。

読者のみなさんは、なぜ、三木が直接電話をしてこなかったのか、不思議に思うだろう。こんなに単純なことなのに。

三木の目的は、入れ替えの情報を横にいるマネージャーに聞かせることなのである。

三木が直接僕に電話をしてきたとしたら、電話の前後にマネージャーに同じ用件を繰り返して話をしなければならず、二度手間になる。それを省くために、ヘッドコーチと二軍監督の会話をあえてマネージャーに聞かせるのである。すると、マネージャーはふたりの会話を聞き、すぐに仕事に取りかかることが可能になる。僕は三木と話したあと、すぐに二軍マネージャーに事情を話して、段取りをしてもらうわけだ。

こうした段取りを経て、一軍と二軍のマネージャーが連絡を取り合い、次の試合に間に合うよう、選手のユニフォーム・道具をどこに送るべきかを相談するのだ。

三木がすごいと思ったのは、関係者をどんどん仕事に巻き込むことで仕事のスピードをアップさせ、連絡を忘れるなどの単純なミスを減らしていることだ。ヘッドコーチは一軍と二軍の連携役であり、作戦面だけでなく、東京ヤクルトスワローズという組織の「循環器」の役割を担っているのだ。
育てる組織には、こうした人材の存在も欠かせない。

内野手の細かいテクニック

また、三木と一緒にダグアウトで野球についていろいろと話すのも勉強になる。内野手の細かいテクニックなどは、内野出身の三木からだいぶ教わった。

たとえば、二塁盗塁については、ベースカバーに入るショートのタッチの仕方によって、アウトとセーフが入れ替わることがあるという。また、ランナーであれば、スライディングする足の出し方によってアウトとセーフが入れ替わる場合がある。

いずれも細かいテクニックなのだが、「内野手って、こんなことまで考えて野球をやっているのか」と驚いてしまった。

読者のみなさんの中には、不思議に思う人がいるかもしれない。

「あれ、高津さんって、三木さんと一緒に一軍のダグアウトにいたじゃないですか」

そうなのだ。しかし、僕が一軍の投手コーチだった時は、仕事上の接点はほとんどなかったのである。

僕は投手交代について一任されていて、「こういう継投にしたいと思います」と監督の真中（満）に相談すると、監督と三木が話し合って、ダブルスイッチ（投手と野手を同時に交代させ、次に投手に打順が回るのを遅らせること）などを考える。あくまで僕は投手のことだけの仕事に集中していて、守備隊形を含め、野手の作戦面については一切口を出さなかった。だから、三木がどんな仕事をしているのか、よく知らなかった。

ただし、監督と三木の会話はずっと耳に入っていた。「監督って、こういうことを考えてるんだ」と話を聞いていたが、振り返ってみれば、全体像は見えていなかった。

しかも三木は、選手が思っていることをきちんと僕に伝えてくれる役割も担っている。反対に、監督である僕が我慢して言わないことを、通訳して選手たちに話してくれる。

これだけ「気働き」ができる参謀と一緒に野球ができるのは、本当にありがたいことだ。

アメリカ、マイナーリーグ——驚きのコーチングスタッフ

ヤクルト二軍のコーチングスタッフは様々な経験を持った人材がそろっていて、僕は大いに助けてもらっているが、それは様々な視点を勉強できるということが大きい。

僕の野球経験を振り返ると、驚いたのは、アメリカのマイナーリーグでは監督・打撃コー

チ・投手コーチの3人しかいなかったことだ。「どうしてコーチがこれしかいないの?」と球団のスタッフに質問したことがあるが、「たくさんコーチを雇うお金がないんじゃないの?」といった、曖昧な返答しかなかったと記憶している。

ただし、3人しかいないので、仕事の量が増え、アメリカの場合はそれでコーチとしての能力が磨かれる。考えるエリアが増えていけば、必然的に野球の知識が増える。攻撃の間は、監督が三塁コーチャーに立ち、サインを出して、打撃コーチが一塁ベースコーチャーになる。なんでも兼務だ。

練習でも、選手のあらゆる質問に答えなければいけない。投手コーチであれば、捕手の質問にも回答を用意しておかなければならないし、打撃コーチは、守備、走塁まですべてをカバーしなければならない。

この仕組みは、いかにもアメリカらしい。3人体制で頭角を現したコーチが、メジャーへと昇り詰めていく。アメリカでは激しい競争の中で、才能あるコーチが出てくるのを待つ。指導の世界でもアメリカは競争が優先されているという気がしないでもない。

その点、日本のファームの方がより選手に寄り添っている気がする。人数もそうだし、組織全体として「教える」意欲に満ちている。アメリカではコーチの間にも競争があるから、緊張感がある。それはそれでアメリカらしいけれど、僕は日本的なファーム組織の在り方も、選手の育成にはプラスになっていると思う。やはり、お国柄によって組織も変わってくる。

球団によって違う育成方法

ところが、日本型の組織といっても、12球団のファームはそれぞれ個性が違う。

僕が二軍監督になり、他のチームの様子を見ていると「サポートが厚いとはいっても、やっぱり球団によって、ずいぶん育成の考え方は違うものだなあ」と感じることがあった。

巨人のファームは、とにかく人数が多い。３桁の背番号をつけた育成選手をたくさん抱え、ファームの試合だというのに、ベンチ外の選手さえいた。

反対にヤクルトは外野の人数が足りなくなり、投手を外野で使うか、と考えたことさえあったから、「どれだけ違うんだよ」と思ったくらいだ。

人数が多い・少ないというのは、育成においては重要な意味を持つ。ヤクルトのように選手が少なければ、練習時間もきっちり取ることができるし、選手とコーチがしっかりと向き合うこともできる。

一方、人数が多いと丁寧に教える時間は少なくなるかもしれないが、「競争力」が生まれる。ライバルが多ければ、勝ち抜かなければならず、競争心の旺盛な選手が頭角を現してくる。10人の中で競争するよりも、50人の中で競争した方が、突出した才能が出てくる、という考え方なのかもしれない。

育成の選手をどれだけ抱えるかというのは、球団の考え方が表れる部分でもある。2018年の各球団が契約を交わした選手を調べてみると、こういう結果になった。

【福岡ソフトバンクホークス】
支配下選手　67人
育成選手　25人

【埼玉西武ライオンズ】
支配下選手　66人
育成選手　2人

【東北楽天ゴールデンイーグルス】

支配下選手　67人
育成選手　14人

【オリックス・バファローズ】
支配下選手　65人
育成選手　10人

【北海道日本ハムファイターズ】
支配下選手　69人
育成選手　０人

【千葉ロッテマリーンズ】
支配下選手　67人
育成選手　３人

【広島東洋カープ】
支配下選手　67人
育成選手　　4人

【阪神タイガース】
支配下選手　67人
育成選手　　3人

【横浜ＤｅＮＡベイスターズ】
支配下選手　67人
育成選手　　6人

【読売ジャイアンツ】
支配下選手　64人
育成選手　25人

【中日ドラゴンズ】
支配下選手　66人
育成選手　11人

【東京ヤクルトスワローズ】
支配下選手　66人
育成選手　4人

こうして見ると、ソフトバンクと巨人が20人以上も育成選手を抱え、競争原理を働かせているのかな、と思う。

ソフトバンクの場合は、育成から成長した選手の活躍が目立っている。投手ではワールド・ベースボール・クラシックでも活躍した千賀滉大、捕手ではレギュラーを獲得し盗塁阻止率の高い甲斐拓也は、２０１１年に入団して3年目までは三軍の選手だった。

ソフトバンクはこうした成功例を作っているから、ファームの現場も盛り上がるし、これからも若い選手に積極的にお金を投資しようと考えているのだろう。

個人的には、外国籍の選手を数千万円かけて獲得するよりも、それと同じ予算をかけて複数の育成選手と契約するのも球団の方針としてはアリなのではないかと思う。

巨人などは外国人にも投資するが、ファームへの投資も怠っていない。二軍はおろか、三軍のシステムも持っているのはうらやましい。巨人の三軍では、

「お前、よく頑張ってるな。明日から二軍行って、結果残してこい」

という監督と選手のやり取りがあるそうだ。

2018年のデータでいえば、巨人は育成選手を含めて89人もの選手を抱えている。一軍の登録選手枠は28人だから、61人が二軍よりも下の組織にいることになる。ケガ人を除いても、40人ほどに「競争原理」が働く。組織内に緊張感があるだろうし、なにより、二軍で練習ばかりしているよりも、三軍でプレーした方がどれだけうまくなることか。

もちろん、これだけの体制を作るとなると、選手だけでなくコーチ陣の人件費もかかるので、簡単なことではない。

ただ、野球では競争が選手をうまくする以上、今後、日本の各球団はファームの整備により力を入れていくようになると思う。

「西」のチームのことは意外に知らないのだ

イースタン・リーグで試合をしていると、巨人、日本ハム、楽天、ＤｅＮＡ、西武、ロッテの情報は入ってくるのだが、ウエスタン・リーグのチームのことは、顔を合わせる機会がないのでほとんど知らない。

２０１７年、毎年10月に開かれる「フェニックス・リーグ」で広島の若手と対戦する機会があったが、捕手の坂倉（将吾）や、一軍でのプレー経験もある下水流《しもずる》（昂《こう》）などのプレーを間近で見て、「とてもじゃないが、二軍の投手では抑えられない選手だ」と感じてしまうほど、インパクトがあった。

僕は広島出身ということもあり、子どものころからずっとカープを見てきたけれど、フェニックス・リーグで対戦してみて、広島がハッキリとした育成方針を持っていることに気づいた。

選手の編成を見ていると、投手については大卒・社会人が多く、即戦力を求めている傾向がある。それに比べると、野手は高卒の選手の比率が高くなる。二遊間は菊池涼介（中部学院大）、田中広輔（東海大→ＪＲ東日本）と大卒、社会人が占めているが、外野になると丸佳浩（千葉経済大学附属高）、鈴木誠也（二松學舎大学附属高）のふたりがいて、彼らはファームで徹底的に鍛えられ、20代前半から活躍を見せている。

広島の育成を見ていると、高卒の選手を預かって2、3年しっかりと仕込んで、22、23歳くらいから一軍で活躍し始めるプランで育成していると思う。そして、25歳前後で一気に開花する。こうした流れで選手を育てられたら、本当に楽しいと思う。

2018年、広島では丸が絶好調の時期にケガで戦線離脱したり、エルドレッドが万全ではなかったりする時に、二軍からそれなりに穴を埋める選手が出てくる。これは広島の大きな強みになっている。

ただし、広島をうらやんでいるばかりではいけない。ヤクルトとしても、他球団から一目置かれるようなファームの育成システムを作っていきたい。

これからの「日本型組織」が考えなければいけないこと

広島の例を挙げさせてもらったが、プロ野球の世界ではケガからは逃れられない。僕が二軍監督を務めていても、リハビリ、あるいはケガ明けの調整のため二軍で過ごすベテランも多かった。

ただし、若い選手がケガで戦線離脱するとなると、また話は別だ。その選手にとっても野球人生の回り道になってしまうし、球団としても「損害」が大きくなる。成長を見込める時期に、それが後戻りしてしまうからだ。

だから僕としては、選手たちに保護者のような言葉をかけている。

「ちゃんとメシ食えよ。ちゃんと寝ろよ。歯、磨けよ！」

冗談のように聞こえるかもしれないが、本気だ。戸田の合宿所で夜遅くまで携帯をいじったり、ゲームをやっていたりしたら、それだけで身体の回復が妨げられ、ケガのリスクが高くなる。

携帯やゲームは楽しいだろう。しかし、野球でお金をもらっているのがプロだから、そのための健康管理も仕事の一部である。野球にどっぷりつかれば、絶対にそちらの方が楽しいはずなのだ。

それでも、選手を育てる組織として、球団として「休養」をより重視してもいいのかな、と考えている部分もある。

メジャーリーグ時代のことだが、土曜のナイトゲームが延長戦にもつれ込み、試合終了が夜11時過ぎになったことがあった。それからシャワーを浴びるなどしていると、家に帰るのは、日付がかわって深夜1時くらいになってしまう。この状態で日曜のデーゲームを迎えるのである。

日本だったら、デーゲームだと朝9時集合で練習のこともある。アメリカでも同じだったらキツいな、と思っていたが、ナイトゲームのあとのデーゲームの場合、アメリカではチーム全体の練習はなく、試合まで選手が個々に調整を進めればいいのである。

加えて、僕にとって珍しかったのは、日曜日は牧師さんがやってきて、クリスチャンの選手たちは礼拝に参加していたことだ。なんだか、これから野球をプレーするという雰囲気とは程遠かった。

土曜夜に延長戦になった場合、僕は投げる機会が多かったので、日曜朝の休養は本当に助かったし、身体の回復が進んだ。

日本の一軍は、移動時間は少ないが、意外と身体にこたえることが多い。特に木曜日に3連戦が終わってから金曜の移動がつらい。たとえば、ナイトゲームが夜9時過ぎに終わり、家に帰ってホッとするのが12時。翌朝は8時に起きて、広島まで4時間以上の新幹線移動というのは、かなりキツい。たとえ、新幹線の中で寝ていたとしても、疲れている。あれは、なんなのだろう?

それに、真夏に新幹線のホームに立って列車を待っているのも、疲れる要素のひとつ。待合室を利用してもいいのだが、いろいろと対応しなければならないこともあって、ゆっくりするというわけにはいかない。そのあたり、メジャーリーグは球場から空港へバスが直行するので、気疲れする要素が少なく、選手の負担は少ない。

いま、メジャーリーグでは球団として「回復」の研究を進めているところがあるらしい。

試合後の食事はもちろんのこと、アメリカでは時差をともなう移動が多いから、睡眠についての研究も進んでいるという。

基本、メジャーリーグでは試合終了後に空港に行き、深夜に移動ということが多い。ところが、最近は試合が終わったら遠征先のホテルで休み、翌朝に移動する球団もあるそうだ。これは「スリープ・コンサルタント（睡眠コンサルタント）」のアドバイスに従ったものらしく、その方が選手のパフォーマンスが上がるという研究に基づいているという。

日本では時差がないからその点は楽だが、球団が選手の休養を重視するというのは、とても大切なことだと思う。休んだ方が元気になるし、若い選手たちの場合は、その方が身体の成長も促される気がする。

休養が大切になってくるのは、選手に長く働いてもらわなくてはいけないからで、休養と故障の発生にはつながりがあるだろう。

二軍のレベルでも、こうした研究を進められたらいいと思う。

加えて、二軍の監督になってから、気を使っているのは、「選手の痛み」に対するケアだ。痛みは選手だけが感じるもので、他人には絶対分からないし、数字で示すこともできない。投げられる痛みなのか、それとも大事を取った方がいいのかは、選手とスタッフの判断に任せるしかない。

僕の経験を振り返ってみると、ヤクルト時代はとにかく身体のケアには人一倍気を使っていた。クローザーは連日登板があると想定して準備をするので、マッサージで疲れを取ることは絶対に必要だと思っていたし、実際に結果を残すこともできた。

ところが、35歳でメジャーリーグに移籍したら、特に遠征先ではまともにケアする時間がなかった。試合で投げると、ホテル行きのバスはだいたい試合が終わってから1時間後には出てしまうので、アイシングをするくらいしかケアができない。クローザーになってからは、その時間さえ取れなくなり、「やばいな」と思っていたのだが、ホテルに戻って睡眠を取った方がいいので、アイシングもマッサージもやめてしまった。

それでどうなったのか？　何も変わらなかった。

医学的にはやった方がよかったのかもしれない。ただ、35歳から43歳までの自分には必要なかったということだ。

それぞれの選手に必要なケアを見極める。これは選手個人に任されてきたことだけれど、組織として取り組むべき課題ではないか、と僕は思っている。

データをどう生かすのか？

睡眠や休養は、選手の身体の回復を促すもので、コンディショニングの分野に入り、球団が情報を提供したり、生活の見直しを促したりするものだ。

もうひとつ、個人でやることは不可能で、球団が組織として取り組まなければいけないことに、「データ分析」がある。

いま、野球はビッグデータ全盛期だ。アメリカの話を聞くと、コンピュータの精度が上がるにつれて、とても分析し切れないほどのデータが経営陣・コーチ陣に届くそうだ。

情報分析官のようなスタッフが常駐して、クラブハウスでコーチたちと話し合うなどするのも、いまでは珍しくなくなったらしい。ここ数年のアメリカの進化は、野球経験のないスタッフと現場が融合したことにある。

ただし、メジャーリーガーの性格を考えると、データを生かしてプレーできる選手がどれだけいるかは、また別の問題になる。

メジャーリーグで活躍し、ヤクルトに戻ってきた青木宣親の話を聞くと、青木の場合は打席に立ってアウトに打ち取られてしまうと、ダグアウトからすぐに裏に回り、ビデオルームで自分の打撃フォームを映像でチェックできるようになっていたという。

青木は、自分の感覚と映像のズレをすぐに確認し、次の打席に生かしたいタイプだから、そうしたテクノロジーをすぐに利用できた。ところが、僕がいた時も、分かりやすい数字が提供されているのに、「俺、自分で抑えるから」という感じで、取り合わない投手も少なくなかった。

情報量やテクノロジー、そうした最先端の技術が提供されるスピードは、アメリカは段違いで、日本の及ぶところではないと思う。それは日本が遅れているということではなく、メジャーリーグでは球団がたっぷりお金をかけているからだ。

組織としてそうした整備を進め、経営陣の方針を理解したＧＭや監督が雇われるようになっているが、肝心の選手たちが、「速い球を投げりゃいい」「遠くに飛ばせばいい」と思っているのが、面白いところだ。

情報の利用度という点から見れば、日本の方が優秀ではないか。アメリカのような試合中の映像分析などは、二軍などではまだ無理だが、先乗りスコアラーから上がってきたデータを生かして戦術を練るなどするあたりは日本のプロ野球は本当にうまいと思う。

日本でもアメリカでもいわれているのは、21世紀の野球は人間の目と、テクノロジー、そして数学の融合だという。

日本の球団も、スコアラーの目を信頼したうえで、いまは外部のデータ分析会社から上がってきた数字を購入し、試合に生かそうとしている。ただし、それが現場に落とし込まれているかどうかは球団によってかなりの差があるのではないかと思う。

選手を育成する組織という視点からすると、二軍の早い段階からデータの生かし方を選手に仕込んでいきたいとは思う。その使い方次第で、選手のキャリアに影響が出るかもしれないからだ。

そのためには組織として、ビッグデータ時代にどういった方針で臨むのか、覚悟を持たなければいけないし、指導者である僕らの世代は勉強を怠っていてはいけないと痛感する。

育成組織の整備を進めつつ、大きな育成プランを描ける人が必要になってくるのは間違いない。

第4章　コミュニケーションが円滑な組織を生む

コーチと話すと、自分の野球観が見えてくる

これからの時代、日本のプロ野球組織も大きく変わる。

育成も組織としてしっかりとしたプランが必要になってくるわけだが、現場ではプランを充実させるために、言葉が重要性を持ってくる。野球は言葉のスポーツでもある。普段から言葉で確認し合い、意思疎通を図っておくことがプレーの精度を高め、組織として強さを発揮できるようになる。

ヤクルトには人間関係において風通しのいい文化があるから、僕はこの組織に大きな将来性を感じている。

二軍監督としては、コーチ、そして選手たちと常にコミュニケーションを取っていくことが育成上も大切だし、長いシーズンを戦ううえでは重要になる。やっぱり、楽しく野球をするのがいちばんだからだ。

それにコーチたちと話していると、自分の野球観が再確認できることがある。これが楽しい。

この前は、「監督は、どうやったら相手を抑えられると思ってたんですか?」という話に

なり、投手だった自分の考えはいたってシンプルだったことに気づいた。

「俺は、バッターのアウトロー、しかもベースのとんがってる『角』の部分を目がけて投げてた。そこにコントロールできたら、3球続けたとしても、どんなバッターだろうと打たれないよ」

僕が狙っていたのは、角を目がけて投げつつ、ワンバウンドになるシンカーだった。それが少し高めに浮き、バッターの膝の高さに行ってしまったら、パコーンと打たれる。そりゃ、打たれるわな、と思う。

コーチたちとは、それぞれの野球観を語りながら、考えを深めていく。普段からコミュニケーションを取ることで、切羽詰まった状況になったとしても、自分の知恵だけではなく、コーチたちの知恵で解決できることもある。

それに、僕の「ホームベースの角」の話を聞いた投手コーチが、それを若い選手に伝えてくれれば、それがヤクルトの財産になっていく。技術だけではなく、言葉の伝承もチームにとっては大切なことだ。

一軍だと、目の前の勝利に全力を傾けるので、なかなかコーチたちと野球についてじっくり語る時間が持てない。その点、二軍にはもう少し余裕がある。二軍で2年も指揮を執ると、

「ここはホンマ、面白いところだなあ」と思う。

阪神の二軍監督を務め、2019年からは一軍の監督に就任する矢野燿大《あきひろ》とは同い年だが、彼と話した時も、「二軍はいろいろなことが起きて、楽しいよね」という点で一致した。

一軍は選ばれし選手の集団だ。監督・コーチは優秀な集団をひとつの方向に向かせ優勝へと導く。

二軍はもう少し事情が複雑だ。引退間近のベテラン選手もいれば、高校を出たばかりのピチピチの選手も一緒の集団にいる。正直、思っていることがバラバラなのである。

僕もここまで書いてきて、いろいろなことを考えながら指揮を執っているんだなと再確認しているところだ。

もちろん、二軍も優勝を目指しているものの、育成、それにリハビリといった様々な目的が混在している。誤解を恐れずにいえば、二軍の試合では、育成や再生のために勝利を犠牲にしても構わない。

選手の将来性を信じれば、負けてもいい。

スポーツは白黒をハッキリさせる世界だが、二軍では白とも黒ともいえない状況が出てきて、僕はそれが面白いなと思う。

スタッフ・ミーティングの意味

三木をはじめとしたコーチ陣と、僕は意見を交換することを大切にしている。とにかく、みんなが集まったらにぎやかにいろいろな話ができる組織の方が、選手を育てるにはいいと思っているからだ。

特に僕が好きなのは、朝のミーティングだ。一軍時代とは違って、二軍戦は午後1時にプレーボールとなる試合が多いので、ずいぶんと生活時間が変わった。

シーズン中は朝の6時に起きて、家を出るのは7時。車での通勤になるので、渋滞に巻き込まれることを想定しつつ、早めに家を出ている。8時前後に戸田のグラウンドに到着すると、ディレクター、マネージャー、トレーナーといったスタッフと短い情報交換をする。それが終わると、マネージャーが「お願いします」と声をかけてきて、コーチたちが集まり、9時からミーティングを始める。

最初はトレーナーからの報告がある。たとえば、「○○選手、昨日、試合に出てから腰の張りを訴えてます」とか、選手の健康状態に関するものだ。球団にとっては選手は大切な資産だから、重要な情報の共有となる。

その次は三木。昨日のゲームを受けて、こうした反省点が出てきたので、何か方法を考えて練習に組み込んでいきましょうとか、試合寄りの話が出てくる。

そしてようやく次に、

「じゃあ、監督の方から話をお願いします」

と声がかかり、僕がスピーチをする番になる。

僕は話し出す前に、その日の試合の先発メンバーをホワイトボードに書いておき、その日のゲームのプランについて話す。

先発メンバーはこうなっていますが、こういう展開になった場合、継投に関してはこんなプランを持っていますと、みんなの前で話しておく。他には、一軍から調整に来ている選手については、基本的に全打席入ってもらいます、といったことを伝える。

そして最後に「他に何かありますか?　野村コーチ、何かありますか?」というように、コーチ陣に意見を求めてミーティングを終わらせようとするのだが、ヤクルト二軍のコーチ陣は、必ずそこで笑いを取りにくる。

ここが、ヤクルトのヤクルトたるゆえんだと思っている。

悩んでいる若手がいたら、どう接するべきか？

いつも笑える話ばかりしているわけではないのだが、同世代のコーチ陣と話をするのはとても楽しい。

ただし、選手と話す時は、笑いで包んだとしても、どうしてもシリアスな内容になってくる。

特に僕が気を使うのは、一軍に上がりながらも、環境・役割の変化になかなか対応できず、二軍に戻ってくる選手のことだ。

二軍では主軸を打っていても、一軍に上がると下位打線を打ち、思い切りスイングをするというよりも、状況に応じた打撃が求められることがある。この適応が難しく、二軍に戻ってくる選手がいる。

そんな時、選手たちは十中八九、落ち込んでいる。それはそうだ。期待されて一軍に呼ばれたのに、望まれたような結果を出せなかったのだから。

二軍監督としては、どうして結果が出せなかったのかを、しっかりと分析しなければならない。たいていの場合、技術的に自分のスタイルを忘れている選手が多い。二軍の時とは役割が違い、仕事に慣れないうちにスタイルを崩してしまうケースがほとんどなのだ。

投手の場合は、僕が見て変化に気づけるが、野手の場合はコーチたちと話して、どこに問題点があるのかをハッキリさせる。

ただし、「どうしちゃったんだよ。ぜんぜん違ってるよ」というように、相手を否定したところでプラスになるわけがなく、僕たち指導者がやるべきことは、選手の問題点を把握しつつ、選手自身の言葉を聞くことだと思っている。だから、選手たちには二軍監督としてこのように話す。

「一軍ではいろいろ大変だったと思うけど、二軍は勝負がどうのこうのという場所じゃないし、あくまで思い切ったプレーをする場所だからね。そのためにとことんコミュニケーションを取ろう。俺でもいいし、三木やバッテリーコーチのカツノリでも誰でもいいから、どんどん話そう」

とにかく、そう話してから好きにプレーさせる。そうしていると、何が崩れているかが見えてくる。

指導者目線の分析をしてから、選手が自分のことをどう分析しているのかを聞けるのも興味深い。二軍監督としては、技術的には最低限のことだけを伝えて、基本的には「思いっきり打て」「どんどん投げ込め」とか威勢のいい言葉をかけて、選手に気持ち良くプレーさせる。そこで選手自身が問題に気づければいちばんいい。具体的には「いい感覚」を思い出して、それに近づけるように導く。

だから、僕は選手を「治そう」とは思わない。コミュニケーションを取ったうえで、選手の「自然治癒」を待つ。

下手にいじってしまっては、選手のスタイルを壊すことになりかねない。そのためには、しっかりと話を聞くことからスタートしなければならない。

一軍投手コーチの経験

僕は二軍の監督になる前に、一軍の投手コーチを務めていたが、その時の経験を二軍でプラスに働かせたいと思っている。

僕は一軍の投手コーチ時代、いままで日本では行われてこなかった仕事のやり方を先発投手に求めた。その日の先発には、

「夕方6時のプレーボールから逆算してウォームアップをしてくれればいいからね。それだけきちんとやってもらえれば、球場に何時に来てもらっても構わないから」

と伝えた。

これには説明が必要だろう。

日本のプロ野球の場合、当日の先発投手だろうと、集合時間は変わらない。昼過ぎには球場に入って、みんなと一緒に練習するなどして、試合開始に向かって準備を整えていく。

僕はアメリカや韓国・台湾での経験などを踏まえて、先発投手にはできるだけ遅めに来てもらい、試合時間に向かって集中力を高めてほしいと考えた。

夕方6時から投げるのに、午後1時に球場に来てもやることがないし、単に疲れてしまうだけだ。こんなバカバカしいことはない。

メジャーだと、先発投手は夕方に球場に入るまで、スターバックスに寄るなどして、自分なりの時間を作り、球場に入ってからルーティーンをこなす。その方がパッとスイッチが入るし、集中力が高まる。同じような効果を、僕はヤクルトの投手陣に期待した。

外国人投手は、それを歓迎してくれた。もともと、日本にやってきた外国人選手は拘束時間が長いのに面食らう。

メジャーの場合、ホームチームだと夜7時のプレーボールに合わせ、だいたい午後4時くらいからチーム練習が始まる。先発で非番の投手たちは、外野で球拾いをするだけだ。3時半ごろに来る選手もいるくらいで、とにかく自由出勤だ。メジャーを経験してヤクルトに来た選手たちは、夕方まで家で時間を過ごすなど、うまく調整をしてくれた。

一軍投手コーチの僕としては、日本人投手も新しい調整法になって、「これでパフォーマンスが上がるだろう」とニヤニヤしていたのだが、まったく予想と違ったことが起きた。

みんな、これまでと同じ時間に球場に来ていたのだ。

「えっ。お前、こんな早い時間に来る必要ないんだぞ」

と言っても、

「いやあ、なんかいままでと違うことしようとすると、慣れなくて」

という返事が来る。

僕は驚いたが、「なるほどな」とも感じた。僕のイメージでは、先発当日はハードな練習などをする必要は一切ないので、夕方に来て自転車をこぐなどして一度は心拍数を上げ、頃合いを見てブルペンで投球練習をしてくれればいいと思っていた。

ところが、みんなはプロに入ってからずっと、正午くらいには球場に来て時間を過ごすのが「ルーティーン」になっていたため、その他の時間の過ごし方が想像つかなかったのだ。

これは、僕の言葉が足りなかったな、と思った。相手がプロだから、きっと自分の意図を汲んでくれるだろうと期待しすぎてはいけなかったのだ。

たとえば、僕はこう説明した方がよかった。

「試合当日は、夕方6時から8時くらいまで集中力を保たなければいけないから、試合前には余分な力を使ってほしくない。これをやれ、あれをやれとは言わないので、プレーボールに合わせて、自分の時間で調整を進めてほしい。そのうえで、いいピッチングをしてくれればいいから」

要は、「自分でやって」とお願いしたかったのだが、慣れない選手たちは戸惑ったようだ。

このあたりにも、日本と他の国の野球の違いが出ていると思う。

アメリカだと、自分のスタイルで結果を出してきた選手がメジャーまで這い上がる。マイナーでも、捕手が出すサインはあくまで参考で、自分が「この球で勝負する」と決めて勝ってきた連中だから、あくまで自分のスタイルにこだわる。

日本の場合、「忖度型」で育ってきた選手が多いので、自分で決めていいとなると、戸惑ってしまう選手がいる。

僕としては、二軍で自分のスタイルを持った選手を育てていきたいと思う。

二軍で育った選手が、先発を任されたのなら、午後3時半くらいまで神宮球場近くのカフェでくつろぎ、そこから身体、気持ちを温めてマウンドに上がってくれないかと思う。その方が、土壇場でピンチを切り抜けるための力を発揮してくれるのではないか、と考えている。監督やコーチから、「ああせい、こうせい」と言われて育ってきた選手は、長続きしにくいと思う。これは、僕の経験から導かれたものだ。選手が若いうちから自分のスタイルを確立できるよう、監督としてコミュニケーションを取っていきたい。

僕にとっての忘れられないミーティング

現役時代、僕も投手コーチとはたくさん話し合いを重ねてきた。いまでも忘れられないのは、ケガで苦しんでいた１９９８年のオフのことだった。

なぜ覚えているかというと、僕はハッキリと自分の意志を伝えたからだ。

ずっと投げ続けてきたことで、僕は入団5年目あたりから肘に痛みを感じるようになっていた。痛いし、患部は熱を持っているし、腫れもあった。とにかく、当時はアイシングに頼っていた。それでも痛みはどんどん増していき、とても投げられるような状態ではなくなってきた。

おそらく、プロの投手は誰しもいろいろな痛みを抱えていると思うが、それでも投げられてしまうのが不思議だ。僕の経験では、試合前にキャッチボールをすると、とても痛い。もう、これは投げられないと泣きたくなるほどだ。ところが試合の終盤、7回くらいから準備に入り、ブルペンで投げ始めると痛くない。もちろん、マウンドでも痛みは感じない。そして、試合が終わるとまた痛み始める。

医学的なことは分からないが、精神の高ぶりが痛みを忘れさせてしまうのだろうか。だから、痛みがないとはいっても、肘には負担をかけているのだと想像がつく。

だから、自分の経験からいっても、痛みがあったとしても、投手は投げられるのである。ところが、それも限界を超えた。

実は、いまだにゴルフをすると右肘が痛むことがある。特に、ダフった時など、肘にずきんと痛みがくるほどだ。

1998年のオフに、僕はヤクルトと提携関係を結んでいたクリーブランド・インディアンズの医療スタッフの診察を受けることになった。

その時、僕の肘にはいわゆる「ねずみ」と呼ばれる「関節遊離体」が6個も見つかった。アメリカの先生は、絶対に手術しろとは言わなかったが、僕が手術を拒むと、「こんな状態なのに手術をしないのか？」と驚いていた。

なぜ僕が手術を拒んだかというと、1999年から、二軍監督、そして一軍打撃コーチの経験を積まれていた若松勉さんが、新しい一軍監督になることが決まっていたからだ。僕としては手術をすることで出遅れるのを避けたかった。

当時の投手コーチは小谷正勝《ただかつ》さんで、

「高津、お前の肘のことを考えると、ここで先発に転向するのもアリなんじゃないかと思うんだ。しっかり休養を取ってマウンドに上がるという考えもあるんじゃないか」

と僕のことを心配してくれていた。

僕の野球人生に大きな影響を及ぼす瞬間だった。僕は、自分の素直な気持ちを伝えた。

「小谷さん、もしも先発かリリーフ、どちらかを選べるとしたら、僕はやっぱりリリーフがいいです。先発でやっていけるだけの力があるとは思えないし、リリーフの方が好きなんで」

小谷さんは、僕の気持ちを汲んでくれ、僕は手術をせず、薬で痛みを抑えながらクローザーを務めた。

そのシーズンの記憶は、痛みとともにある。痛かった。それでも、小谷さん、それに若松監督は僕の言葉を信じてくれて起用してくれていたから、なんとかその期待に応えなければいけなかった。

僕が探ったのは、「どうやったら痛くないか?」ということばかりだった。ここを使えば、肘の痛みが少なくなるんじゃないか。おそらく、痛みが出るのはその部分を酷使したからであって、身体の他の部分をうまく使えば痛みは散るはずだ、と考えたのである。腕だけでなく、腰、脚、いろいろなことを試しながらシーズンを投げ抜いて、なんとなんと僕は最優秀救援投手として表彰された。

これも、小谷さんときちんと話し合いができたからだと思う。

僕にとって、ヤクルトの選手とコーチの間の風通しの良さがありがたかった。ミーティングで素直な気持ちを伝えられたからこそ、クローザーを任され、そして結果を残すことができた。しっかりと話し合えること、それがどれだけ大切なことか、僕は身をもって体験したのである。

もう30歳になるかならないか、それなりのキャリアを積んでいたとはいえ、自分の気持ちをストレートに伝えることがヤクルトではできた。

それこそが、ヤクルトという球団の良さだと僕は思っているし、その流れを大切にしたい。だからこそ、監督やコーチに対してしっかりと自分の意見を言える選手を育てたい。話しやすい環境を整えるのも、僕の大切な仕事になっている。

ベテランを二軍でどう扱うのか？

自分がベテラン時代の話を書いたついでに、いま、僕がベテランの選手たちとどう接しているかについても、書いておこう。

二軍は、若手の育成という大きな目的の他に、一軍で活躍すべき選手の調整の場であったり、ケガから復帰してきた選手のリハビリの場であったりもする。

ベテランの選手に対しては、二軍監督の僕の仕事はシンプルだ。一軍のプランに沿って選手を起用する。野手であれば「今日は一塁で試合を通して守らせてほしい」だとか、投手であれば「試合終盤に１イニングを投げさせてほしい」というリクエストが来るので、その通りに選手を起用すればよい。

ただし、ベテランであっても中には悩んでいる選手もいる。そういう場合も、基本的には選手に調整を任せる。選手によっては「試合後に特打をやらせてくれませんか？」と言ってくることもある。選手が望んだことに関しては、気持ち良く取り組んでもらえるように環境を整えるだけだ。ベテランは実績もあるし、自分なりの調整法も知っている。納得のいくように練習してもらえればいい。

二軍監督として必要なのは、ベテランが「相談があるんですが」と言ってきた時に、野球人としてしっかり話を聞くことだと思っている。必要ならばコーチを交え、話を聞く。そうすれば、自然と調子は戻るはずだと僕は信じている。

たとえば、首位打者を獲得したこともある川端慎吾との向き合い方は、とても勉強になった。

川端は僕が二軍監督になった2017年のシーズン、椎間板ヘルニアに悩まされ、一軍に復帰するべく二軍で必死にリハビリに取り組んでいた。しかし、どうにも状態が良くならず、その年の8月に手術を受けた。

川端が二軍で調整を始めた時、バッティングの課題は打撃コーチに任せ、僕は打撃以外の話をすることが多かった。たとえば、一軍の雰囲気だとか、対戦相手のこと、川端が話したいことを聞くというスタンスを取った。

川端はものすごく頑張っていたから、自然と話を聞いてあげたくなった。川端は2015年に首位打者を獲得したが、どうしたら自分の打撃を取り戻せるのか、二軍では試合後に特打をずいぶんとしていた（誰からも強制されたわけではなかった）。試合では、守備位置を含め、彼がいい状態で打席に立てるように配慮した。

これらは技術的なリハビリだ。しかし、僕は川端に限らず、実績のある選手が二軍に来た場合、メンタル面でのリハビリが必要だと思っている。

僕は川端の話をたくさん聞いた。当初、二軍でも10打席でヒットが1本しか出ないという状況が続いていた。つらかっただろう。見ている方も、なんとかしてあげたかったが、見守るしかなかった。

それでも時間が経つにつれ、打撃が素人の僕にも、目に見えて技術面で改善していくのが分かった。打ち出すと打球の質が二軍の選手とはまるで違う。そうして一軍に戻り、彼は仕事をした。川端のバットから快音が響くと、僕はうれしかった。

技術の立て直しと、心のケア。

二軍には、そんな役割もある。

投手とどう接するか？

一方で、投手が二軍に来た場合は、僕と投手コーチが組んで、ガッツリと再生プランを練る。コミュニケーションを取りつつ、野手とは違って、こちらは技術面での課題に徹底的に取り組む。

僕が一軍の投手コーチを務めていた時代から、ヤクルトのブルペンを支えてきたのが秋吉亮だ。彼のことはずっと見てきたので、いい時と悪い時がハッキリ分かる。そのポイントは企業秘密なので明らかにすることはできないが、意識すべきところだけを何度も何度も、明確に伝える。

君のいまの問題は、この部分にある。それを直すためには、ここだけを意識しろ、というアプローチを採る。

腕の出どころの角度を3度上げてとか、踏み出す足を5センチ広くとか、そんな細かいことを言っても意味がない。問題となっている根っこを見つけ、それに対する処方箋を書けるかどうかが投手コーチとしての能力である。

秋吉の場合は、疲労が溜まってくると、悪い癖が出始める傾向が強かった。その癖は、キャッチボールの段階でさえ分かるものだったので、練習中から目を離さず、口酸っぱくその問題について声をかけた。

もちろん、練習以外でも話した。なぜ、悪い癖が出てしまうのか、本人の意見を聞きながら、身体の状態を良くするための方法を考えたりもした。

投手の場合は、僕も黙ってはいられないが、熱くなりすぎないように気をつけてはいる。

配置転換で生き返らせる

日本人・外国人を問わず、二軍でどうしても力を出せないという投手も中にはいる。もし、もう1シーズン結果が出せなかったら、現役引退の可能性もある。そうした投手を預かっていたら、二軍監督としてどうすべきなのか?

ものすごく単純だが、パッと思い浮かぶのは「配置転換」である。先発で結果が出ていないのであれば、リリーフをやらせてみる。ずっとリリーフをやってきた投手であれば、先発をやってみてもいい。

もちろん、プロという組織の中では僕の一存では決められない。投手コーチ、そして編成と相談してキャンプの段階から配置転換を試していくのだが、選手本人にどうしても生き残りたいという強い気持ちがあるならば、僕としても手伝いたい。

そして本人が納得すれば、その手伝いをする。配置転換の場合、あくまで話し合いがその第一歩だ。

僕は投手の配置転換は、一定の効果が期待できると思っている。なぜなら、ずっと同じ仕事をやってきて、違ったポジションを与えられると刺激になるからだ。新鮮な気持ちで練習に臨めるようになるし、新たな可能性に気づく場合もある。

さらに、配置転換が成功した場合には、他の投手陣にもいい刺激を与えることになる。

外国人投手との接し方

秋吉のように、一軍の投手コーチ時代からずっと面倒を見ている選手には処方箋をすぐに書けるが、難しいのは外国人投手の場合である。

外国人投手がファームに落ちてくるのは、一軍で結果が残せなかった場合だし、その投手のいい時を知らない場合がほとんどなので、アドバイスするのが難しい。

トラブルで目立つのは、コントロールである。日本の投手がメジャーリーグに行って、マウンドの高さ、硬さ、傾斜、そして公式球の革の質感、縫い目の高さなど、いままでやってきた環境とは違う、いろいろな要素が絡み合って制球を乱す場合があるが、それと同様のことがアメリカからやってきた投手にも起こりやすい。特に、日本の使用球は革がしっとりしているので、かえって指に引っかかってしまうことがある。

そうしたケースでは、こちらにも指導の引き出しがあるので、リリースポイントなどをアドバイスし、自分にとって快適なポイントを探してもらう。

それでも、僕がいちばん大切だなと思っているのは、外国人選手の場合、気分、モチベーションの部分だ。こうした問題の解決のためには、やはり話し合うしかない。

家族で来日している場合もあるが、単身日本にやってきて頑張っている選手もいる。日本で結果を出せず、二軍に落とされてしまうのは、ずいぶんとプライドが傷つけられる。精神的にかなりキツく、ひょっとしたら家族にも話せていないかもしれない。

正直、外国から日本にやってきて1年目からいきなり活躍する選手は、適応力がかなり高い選手か、相当鈍感な選手かのどちらかだという気がするので、話し合ってどういうタイプの選手なのか、理解することも大切だ。

メンタルダウンはどうしても防ぎたいのだが、日本は拘束時間・練習時間も長いし、二軍に落ちると埼京線に揺られて戸田まで来なければならないという意味でもしんどい。ただ、球団としては高いお金を払っているので、結果を出してもらわなければならないのも現実だ。

不思議なもので、「助っ人」という概念はアジアの球界にしかない。大谷翔平がロサンゼルス・エンゼルスでプレーしても、誰も助っ人とは思わない。単なる戦力だ。

外国人選手が日本でプレーする場合、アメリカにはない「助っ人」という感覚で期待されるので、二軍に落とされるとなおさらキツい。

僕も海外でユニフォームを着た経験があるから、異国でプレーすることのつらさは想像がつくので、次のようにアドバイスすることにしている。

「ここはもうリラックスして野球に取り組む場所だから、わがままを言ってくれて構わない。我々が応じられるものはすべて応じるけれど、どうしてもダメなものはダメだというから。日本にいてつらいこともあるだろうけど、リラックスして野球を楽しむことを思い出して、トレーニングしよう。そして気分転換をしてまた一軍で頑張ってくれ。その手伝いをさせてもらうから」

こういった趣旨のことを話すと、最初はびっくりされることが多い。そしてだいたいの場合、「いや、大丈夫だよ。心配要らないから」と言ってくる。それはそうだろうと思う。プロとして食べてきたのだから、プライドもある。自分なりの調整方法にも自信があるだろう。しかし、そこから時間をかけてコミュニケーションを取っていけば、心を開いて「フィジカル・トレーニングをこうしたいんだけど、構わないだろうか?」とか、「登板間隔の3日目にブルペンでの投球練習をしたい」とか言ってくる場合もある。

そうした相談を受けられるのは、二軍監督としてうれしい。僕は、「OK、OK。担当のコーチに話をして、理解してもらったら、それで進めてくれて構わないから」

と伝え、場合によっては担当コーチとの話し合いに同席して、落としどころを探す。

おそらく、こうした調整方法は一軍では取りにくいはずだ。それでも、二軍に落ちてきてもう一度頑張ろうと思っているのだから、自分の納得いく形で調整してほしい。僕は話をしたうえで、それを手伝うだけだ。

トップ選手が二軍にやってきた！

二軍を預かっていると、いろいろな形で一軍から選手がやってくるのだが、2018年には青木宣親がケガからの調整のため、二軍にやってきた。

「青木、こっちのメニューに沿ってやってもらうからな。もう、ガッツリやってもらうよ」

と冗談めかして言っておいたが、さすがに調整のポイントを心得ていて、一軍に戻ってから夏場の打率がみるみる上がっていったのには感心した。

「日本に帰ってきてから、ピッチャーの球がメジャーと違ってなかなか来ないんで、タイミングが合わなかったんです。そのあたり、調整したくて」

二軍での時間をうまく使ってくれたようで、僕としてもうれしかった。

青木が二軍で練習をすることは、僕にとってはすごく楽しみでもあった。もちろん、青木は一軍で活躍してもらわなければいけない選手だが、シーズン中の一時期でも青木が二軍に来ることで、若手の刺激になると思ったからだ。

特に、ルーキーの村上などには、メジャーリーグで結果を残してきた青木のたたずまいを見てほしかった。テーマを持っている選手ほど、青木から学ぶことは大きいと思う。本当はそこでコミュニケーションを取っておいてくれればベストだ。

2018年は、9月に入ってから村上が一軍に上がり、試合中に青木と一緒にいるところを見かけると、二軍でのちょっとした交流が無駄ではなかったと感じる。

マスコミは、一軍の選手が二軍に落ちると、どうしても「降格」という目で見てしまう。青木のようにケガからの復帰の調整であっても、不安な目で見る方が多いだろう。

しかし、二軍を預かる僕にとっては、こうした出会いを大切にしたいと考える。ちょっとだけでも一緒に時間を過ごすことで、将来のヤクルトの強化につながってくれるはずだと、僕は信じている。

野球を続けられることの幸せ

青木の場合、二軍に来たのはリハビリのためだった。しかし、結果を残さなければユニフォームを脱がなければならないベテランも二軍にはいる。そうした選手たちに対しては、僕は励ますしかない。

自分のキャリアを振り返ってみると、野球選手は35歳までは成長できると思っている。大卒の投手の場合、22、23歳でプロ入りしてひと通りのことを経験すれば、27、28歳からピークを迎えるはずだ。そこから30歳をまたいで5、6年は第一線で活躍できるはずで、まさに野球選手としての「黄金期」になる。

僕が思うに、投手の場合は30歳を過ぎ、35歳に向けてフィジカル的には衰えが訪れるのかもしれないが、投球術の面ではまだまだ成長が可能だと思っている。だから、しんどい時期にあるベテランにも「まだチャンスはあるぞ」と励ましてやりたい。

実は、僕自身が35歳の時にメジャーリーグでプレーするようになったのだ。その意味では、投手として熟成した時期にアメリカでプレーできたと思っている。

ちなみにメジャーリーグだと、20代前半でデビューした選手が6年間プレーするとフリーエージェントになる権利を獲得する。ちょうどこの前後の年齢で、市場で自分を売ることができるのだ。そこから黄金期を迎えるわけだから、球団も途方もないお金を出して獲得に乗り出す。メジャーリーグでは需要と供給がいい時期に一致していると思う。

いろいろな経験を経て、30歳を超えたベテラン選手であっても、僕は「まだまだプロとして成長できる部分はあるよ」という気持ちで接しているし、可能な限り野球を続けてほしいと考えている。

僕はヤクルトの後輩たちにも、必ず「野球を続けるチャンスがあるんだったら、絶対に続けろ」と話している。

２０１７年には、飯原誉士《やすし》（ＢＣリーグ・栃木ゴールデンブレーブス）に相談を受けた。34歳になっていた飯原は現役を続けるかどうか迷っていたが、僕は、

「このまま引退するのもひとつの選択肢だけど、野球を続けるのも選択肢のひとつだということを、忘れないでほしい」

と伝えた。僕の話がどれだけ彼に影響を与えたかは分からないが、僕自身の経験からすると、野球人というのはユニフォームを着て、野球をやってうれしいとか、悔しいと感じるのがいちばんの幸せだと思っている。どんな環境であっても、野球をやれるのなら、続けるべきだ。

　僕がそう思うようになったのは、ヤクルト、メジャーリーグを経て、韓国・台湾、そして最後はBCリーグの新潟でプレーをし続けて、すごく幸せな経験をさせてもらったからだ。プレーしている間は、ものすごくしんどいことも多かった。それでも抑え、時には打たれて感情が揺さぶられるのは貴重な経験だったし、それがいまの二軍監督という仕事につながっている。

　これはプロの選手に限らない。高校生でも、大学生でも、なかなか結果が出なくて野球をやめてしまおうかな……と、ふと考える時があるのではないかと思う。

　僕からのアドバイスは変わらない。もしも、野球を続けられるんだったら、とことんやってほしい。

　僕はヤクルトの後輩たちに、そう話している。

第5章　監督になって知る野球の奥深さ

50歳になっての発見――レフトとライト、どちらが難しいか？

スタッフとのコミュニケーションの重要性はすでに書いたが、バカバカしいことでも、なんでも言える雰囲気を作っておくと、パッと思いついたことを口に出せるようになる。そこから野球の奥深さを発見できることもあるのが、たまらなく楽しい。

意外に会議が多いのが野球の世界だが、ヤクルトの二軍では、コーチたちと会議とも呼べないほどの「雑談」レベルで、野球の話をいつもしている。

僕は攻撃面では、まだ素人だという意識が強いので、たとえば、「昨日の試合での走者の打球判断はあれでよかったのか？」とか、復習の意味でも、いろいろと質問がある。コーチ陣からすれば、「そんなことも知らないのか」と思うかもしれないが、僕は知ったかぶりはせず、とにかく質問している。恥ずかしくもないし、なによりコーチたちの話が面白くてたまらない。反対に、投球の話であれば、僕はいくらでも答えられる。

僕からのこれまでの疑問の中には、「外野のレフトとライト、どっちが難しいの？」というものがあった。意外に、答えるのが難しい質問らしい。

僕は広島で育ったから、センターに関しては「山本浩二」というお手本がある。山本さんこそ完璧なセンターだったという思いがいまだに強く、肩が強くて、守備範囲が広いというのが、センターの絶対条件だ。投手の立場からも、これほど頼もしいセンターはいないだろう。

では、レフトとライトではどうだろう？　当然、役割が違ってくるのは分かる。ライトといえば、どうしても全盛期のイチローを思い出す。守備範囲は前後左右に広く、フェンス際での処理もうまい。そしてトレードマークの「レーザービーム」と呼ばれる素晴らしい送球が失点どころか、進塁をも防ぐ。イチローが理想像なのは間違いないと思うが、レフトとなるとずいぶん話が違う。

レフトは動きが緩慢な選手でも務まるという印象がある。たとえば、僕がメジャーリーグでプレーしていた時は、ボストン・レッドソックスのレフトをマニー・ラミレスが守っていた。一時期、独立リーグの高知ファイティングドッグスにやってきたマニーだ。ズボンはだぶだぶだし、守備に熱意があるようには見えない選手だったが、レッドソックスは彼がレフトを守っている時に優勝している。

いまのヤクルトだってそうだ。レフトはバレンティンが守っている。お世辞にも守備が上手とはいえないが、なんとかこなしている。

考え出すときりがないのだが、コーチ陣から出た話で面白かったのは、「右利き」「左利き」によって、レフトとライトには向き・不向きがあるという。僕が「ほほぅ」と唸ったのは、次のような話だ。

ライトを守る左利きの選手は多いのだが、バックホームをする時、どうしても送球がシュート回転になってしまうことが多く、捕手がタッチしにくいのだという。

人間がボールを投げる動作をすると分かるのだが、投げ終わった時に、手は利き腕の外側を向くようになっている。右利きであれば、手のひらは右に向くし、左利きは左に向く。つまり、普通に投げるとシュート回転がかかるのが自然なのだ。

コーチ陣の話によれば、ホームでのクロスプレーを考えると、右利きのライトがシュート回転で投げてくれた方がタッチがしやすく、左利きは一塁側に流れるので、やはり難しい。

では、レフトは左利きがいいかというと、これもまた右利きの方がいいという。左投げのレフトだと、やはり一塁側にボールがシュート回転し、追いタッチ（走り込んでくるランナーを後ろから追うようにタッチすること。タッチが空振りになることもあり、推奨されないプレー）になってしまう。右利きのレフトであれば、シュート回転したボールがちょうどランナーを追いかけるような形になり、タッチがしやすい。

この考え方を聞いて、驚いた。

「じゃあ、左利きを守らせるところ、ないやん？」

突き詰めていくと、そういうことになりかねず、左の野手で使えるのはセンターとファーストだけ、ということになってしまう。ただし、どこにでも例外はいるもので、左投げの外野手でも、きっちりボールをコントロールできる選手もいるにはいる。

僕はこの議論をした時に、野球はなんと奥深いスポーツなのだと唸ってしまった。

サインは徹底しなければならない

二軍監督をやっていると、奥深さと同時に、野球の細かさについてもずいぶんと考えるようになる。ひとつは、バントのことだ。

たとえば、試合終盤の競った場面で、無死一塁を迎えたとする。相手が犠牲バントをしてくる可能性は極めて高い。そうなった時に、プロの世界だとバント守備にはおおまかに５つのパターンがある。

世界ではいろいろな国で野球が行われているが、これだけのパターンを持っている国はない。これはアメリカ・韓国・台湾でプレーした僕が書くのだから間違いないと思う。

5つのパターンは、野手の動きがすべて違うのだが、わかりやすいところでは、こうしたものがある。

・一塁手、三塁手ともに前進する完全なバントシフト
・一塁手だけ出るシフト
・三塁手だけ出るシフト

これくらいならば、高校レベルでもできるだろう。他には、サインのひとつとして、相手が右打者の場合、投手が外角に大きく外して捕手が一塁に投げるピックオフ（投手と捕手・野手が示し合わせ、ランナーの虚をついて牽制球でアウトにするプレー）というサインプレーもある。

これらは捕手が思いつきでやっているわけではなく、すべてデザインされたプレーなのである。打者・走者の能力、バッテリーの力、あらゆることを考慮して、一球一球判断していく。

ところが、これらのサインプレーを外国からやってきた選手たちはなかなか理解できない。

なぜなら、アメリカではバントシフトがひとつしかないからだ。僕がプレーしていたシカゴ・ホワイトソックスの場合は、三塁手がサインを出すのだが、一塁手と三塁手が出るか出ないかの二択だけだった。とてもシンプルなので、日本にやってくるとあまりの複雑さに面食らっている。

そういう選手が守っていることもあるから、とにかくキャンプの時期からシフトの練習をしっかり行い、サインを出す時は意思の疎通を徹底しなければならない。

ここまでは守りの立場からバントを考えてきたが、攻撃でバントのサインを出す時も判断が難しい。

監督としていちばん緊張するのは、スクイズのサインを出す時だ。本当にドキドキする。一点を取れるか、それともチャンスが消えてしまうのか。僕は緊張するのが嫌いなので、基本的にはセーフティスクイズ（三塁ランナーが打球を見て、間に合いそうならスタートを切るプレー）のサインしか出さない。出してからも、心臓がドキドキしているので、本当に出すのは嫌だ。

ただし、相手がスクイズをしてきそうな場面で、ウェストボール（スクイズなどを防ぐため、打者から遠いところに投げる球）を投げさせるサインを出す時は、緊張もあるが、楽しんでいると思う。

楽しめるようになったのは、僕が現役時代に、野村克也監督から「カウントごとの発想法」というものをいやというほど仕込まれたからだと思う。

たとえば、1ボール・2ストライクの時のバッテリー心理、3ボール・1ストライクになった場合、打者はどういう考えになるのかなど、ひとつずつ解説をしてもらった。そうやって噛み砕いていくと、スクイズのサインが出やすいカウントが見えてくる。

相手がスクイズを仕掛けてきて、そこで外した時には、本当に「よっしゃ！」と、コーチたちとダグアウトで盛り上がる。

打球判断をどう指示するか

プロの世界だと、なかなかスクイズには遭遇しないものだが、日常的に試合で遭遇するのは、「打球判断」の場面だ。

たとえば三塁に走者がいるとして、打ったらゴーとか、打球の質によって本塁に突っ込むかどうか、ダグアウトからあらかじめサインを出しておく機会が多い。投手出身の僕にとって打球判断の指示を出すことは極めてスリリングで、なおかつ責任重大なことだと思い知らされた。

では、三塁にランナーがいる場合の打球判断について整理しておこう。このケースでは、主に無死と一死について判断の必要性が出てくる。二死の場合は無条件に打ったらゴーだし、無死の場合は基本的に無理をする必要はない。重要なのは、一死で相手が前進守備の隊形を敷いてきた時に、具体的な指示を出すことだ。

打球判断は、基本的に3つのサインがある。

・ボールがバットに当たった瞬間にスタートする（ギャンブル・スタート）
・ゴロと分かった時にスタートする（ゴロゴー）
・内野を抜け、ヒットだと分かった時にスタートする

三塁だけでなく、一死一塁の場合、フルカウントになった時にギャンブル・スタートを切るかどうかも大きな判断になるし、一死二塁で三遊間に打球が飛んだ時の判断も、勝敗に影響を与える可能性がある。

打球判断では、監督だとあらゆる状況を想定しなければならない。試合中に考えられる要

素として、僕は次のような状況を考えながらサインを決める。

・ランナーの走力
・点差
・相手内野の守備隊形
・バッターのタイプ（外野フライを打てるタイプか、それともゴロを打つのがうまいのか。そしてまた、空振りの可能性が大きいのか・少ないのか）

打球判断の指示を出す場合、僕がいちばん大切だと思うのは、サインを明快にして、責任の所在を明確にしておくことだ。

たとえば、ギャンブル・スタートを指示して、運悪く打球がライナーとなり、ダブルプレーになったとする。その場合の責任は明確にベンチにある。

二軍監督になって感じるのは、スクイズほどではないけれど、ギャンブル・スタートを命じるのは、かなりドキドキするということだ。ボールがバットに当たった瞬間に走者はスタートを切るから、打球がライナーになる可能性もあり、結末を想像すると見ているのがつらいほどだ。

プロ野球の試合で、一塁走者が飛び出してしまい、挟殺プレーでアウトになると、ファンのみなさんは「あの選手、何やってんだよ」と思うことが多いだろう。けれど、その場合、「ああ、ベンチからのサインが出てたんだな」と考えてほしい。選手を責めてほしくはない。

実際に2018年の試合ではこんなことがあった。三塁には捕手の古賀がいて、打席には二軍で調整を進めていた川端が入った。

川端は2ストライクと追い込まれていた。古賀の走力を考えると、ギャンブル・スタートは怖いのだが、打席にいるのは川端だから空振りの三振はまずないだろう――。僕はそう考えた。

ところが、川端がスライダーを空振り三振。当然、古賀は飛び出しているので、捕手から三塁に送球が送られた瞬間、「あちゃー」と思ったが、送球のタイミングが少し遅かったので、古賀は三塁に戻ることなく、そのままホームインしてしまった。

野球では、想定していないこんなプレーが起きるから、面白い。

反対に、ギャンブル・スタートが遅れたり、打球の判断を選手が誤ったりした場合は、選手となぜそうしたミスが起きてしまったのかを話し合う。二軍ではミスを責めてもなんらいいことはない。特に高校を出たばかりの選手の場合、プレーした学校によって細かいプレーの「仕込み度合い」が違うので、教わっていないことが結構ある。二軍の指導陣としては、なぜ、その選手がミスをしたのかを突き止め、改善策を探すのが仕事になる。

僕が二軍監督の仕事にやりがいを感じるのは、高卒の選手には打球判断など、教えることがいっぱいあるからかもしれない。たしかに、高校野球で鍛えられている、よく教わっていると感じる選手はいるのだが、やはりプロ野球とではバリエーションの多さが違う。守備隊形、そしてギャンブル・スタートなども、徹底できている学校は本当に少ないと思う。

高校野球は時間が限られているので、カウントによるヒットエンドランの考え方など、仕込み切れない。僕は高校を出たばかりの選手という「原石」を預かって、磨いていくのが好きなのだ。

サインはこうして伝達される

打球判断をはじめ、野球の試合では無数のサインが伝達されている。よくよく考えると、両軍合わせてすさまじい量のサインが飛び交っていることになる。

サイン伝達の仕組みについては、プロの選手ならば知っていて当然だが、一般のファンには知らないことがあると思う。

サイン＝ブロックサイン（相手に見破られないよう、様々な動作を組み合わせて送られるサイン）と思いがちだろうが、実は口頭で伝えられているサインも結構あるのだ。

一死満塁で「打球判断」が必要になった場合、まずは僕がヘッドコーチの三木にサインを口頭で伝える。それを三木がブロックサインにして、三塁コーチに出す。すると、三塁コーチからブロックサインが一塁・二塁走者、そして打者に送られる。三塁走者もサインは見るが、実は口頭で伝えている。言葉で伝える方が、間違いがないからだ。

面白いのは、サインのやり取りには「紳士協定」があることだ。

たとえば、一塁にランナーがいるとすると、次の投球では少なくともこれだけのプレーが考えられる。

・盗塁（次の投球で必ず走る）
・グリーンライト（選手の判断で盗塁を試みてもよいというサイン）
・ヒットエンドラン
・バント

・ディレード・スチール（投球以外、牽制球や返球のすきをついて行う盗塁）
・打球判断（先ほど書いたように、数種類のケースがある）
・待て

こうした選択肢の中から僕がプレーを選び、僕から三木、三木から一塁・三塁コーチに伝えるのだが、一塁コーチは一塁走者には耳打ちで伝える。実際に一塁コーチから一塁走者には、口頭でこんな指示が出されている。

「グリーンライト出たよ。いつでも行っていいから」

「ギャンブル・スタートだから。打った瞬間に行け」

この時、一塁コーチと走者の会話は、実は相手一塁手の耳に入っているのだ。それはそうだ。一塁手はベースに張りついている場合の方が多いのだから。

聞いているのが分かっていても、あえて口頭で伝える。それが可能なのは、野球界の「紳士協定」があるからだ。一塁手は聞いたことを聞かなかったことにするのだ。

僕は、プロ野球の世界にこうした不文律が残っているのが好きだ。

こうしてプロ野球は成り立っているのだ。

二軍は情報戦の場だった！

ただし、プロ野球の世界はこうした紳士協定ばかりで成り立っているわけではない。僕が驚いたのは二軍監督の采配が「観察されている」ということだ。

たいてい、どこの球団でも一軍と二軍のサインは連動しているものの、中には二軍だけで考えたサインというものもある。選手の事情や、「将来的にこういうこともできるようになってほしい」と考えて、コーチたちと相談しながら作ったものもある。

具体的には牽制の方法だとか、走塁がらみのことだ。たまたま、二軍オリジナルのサインを同じ相手に出していたら、相手のあるコーチから、

「あんなプレー、ヤクルトの一軍では、やってませんよね？」

と質問された。

びっくりしたが、よく研究していると思った。曖昧な返答しかしなかったが、おそらくその球団では、

「ファームの試合で、ヤクルトがこんなプレーを仕掛けてきましたんで、一軍の方でも気をつけてください」

という報告が上がるのだと思う。

その球団の発想だと、まずは二軍で試してから一軍で実用化するということなのだろう。つまり、二軍は選手を育成する場所であるばかりではなく、戦術を試すところ、という認識になっているに違いない。

また、一軍昇格直前のベテランや若手も、観察の対象になっているのが分かる。一軍の日程を見て、昇格させると対戦しそうな球団の場合、二軍での登板の間隔をずらすこともある。敵に塩を送る必要はないからだ。

その意味では、イースタン・リーグの中でも同じセ・リーグの巨人、ＤｅＮＡとの対戦は気が抜けない。情報が筒抜けになることを前提でマネージメントしなければならないからだ。

もちろん、こちらも相手の情報をつかむことはできる。たとえば、村上に対する攻め方は、ずいぶんと参考になる。ある球団は内角ばかり攻めてきたが、村上が一軍に上がった時も、基本的に同じような攻め方をしていた。その意味で、二軍の戦いは数年先の一軍の戦いを先取りしているといえる。

指名打者の有無で、こんなに野球は違ってくる

戦術面でのことをいろいろと書いてきたが、僕が二軍の監督として唯一、物足りないなと思っているのが、投手が打席に入らないことだ。

やはり僕はセ・リーグで育ってきたから、守備の時に、次の回には投手が打席に入るから、なんとかこの回だけは持たせたいとか、攻撃の時には投手に打順が回るから、誰を代打で出して、次のイニングは誰を登板させようか、と常に頭を巡らせておかないといけない。あるいは代打の代打とか、投手と野手を同時に替えるダブルスイッチなど、あれやこれやと戦術を考えるのが好きなのである。

残念なことに、二軍の試合はすべて指名打者制（ＤＨ制）が採られているので、投手からみの采配の醍醐味がなくなってしまう。

その意味で、ＤＨ制があるパ・リーグと二軍の試合は、刺激が少ないな、と僕は思う。指導者としては、どちらのリーグで育っているかは極めて重要で、パ・リーグ出身の投手コーチがセ・リーグでコーチをやると、とても苦労するだろう。

パ・リーグの場合、投手交代は疲労度や相手打者との相性を見ながら替え時を考えていけばいいのだが、セ・リーグの試合は考える要素が多いため、慣れていないと難しいと思う。

僕が一軍の投手コーチ時代、監督の真中とヘッドコーチの三木と話し合っていたのは、ある投手をイニングの途中から投入する場合、

「このピッチャーは、次の回も続投させたいので、誰かとダブルスイッチできればありがたいです」

といったことだ。

こうした相談をするのは、投手交代のタイミングを任されていたからである。そこで監督と三木が、点差と打順を考え、たとえばリードしていればバレンティンのところに投手を入れようとか、最終的な判断を下す。

セ・リーグの野球では、ひとつひとつの選手交代についても、こうしたディスカッションが行われているわけで、パ・リーグの野球しか知らないと、セ・リーグの選択肢の多さに戸惑うかもしれない。

指名打者の存在は、打者の育成のチャンスを広げるのは間違いないのだが、野球の醍醐味を少し失わせているような気がしないでもない。

「2番」と「6番」の役割

野球の経験がある人なら、打順を決める醍醐味を分かってくれるだろう。二軍監督になってみて、打順を決める、ラインナップを作る面白さにワクワクしている。

監督によって、打順の組み方はいろいろな発想があるとは思うが、僕の場合は「ビッグイニングをどうやったら作れるだろう？」という考えが基本だ。

試行錯誤を重ね、いろいろと考えを巡らせた結果、僕は「2」「6」「9」が打順の中では重要な位置を占めていると気づいた。これまで日本では1番、クリーンナップについてはいろいろと議論がされてきたけれど、2・6・9番についても、もっともっと議論を戦わせてもいいと思うようになった。

日本の野球は、高校野球に代表される一度でも負けたら終わりの「ノックアウト方式」のトーナメントが基本なので、戦略・戦術も手堅く1点を取っていくという考えが主流になってきた。その代表が2番打者の「犠牲バント」だ。

いまも高校野球では、3番や4番を打てそうな能力の高い打者を1番に置き、出塁を重視する。そして、2番は手堅くバントをして得点圏へとランナーを送るのが大切な仕事になっている。

先制点を取ればチームとしても落ち着くので、犠牲バントを否定はしないが、プロ野球、特に二軍という育成重視の場では、もっとチャンスを広げられる方法を監督としては採りたい。そう考えていくと、2番には選球眼が良く、長打力のある打者を置きたいのだ。2番がチャンスを広げる役割を果たしてくれれば、ビッグイニングを作れる可能性が大きく広がる。

たとえばここ20年ほど、メジャーリーグでは2番打者が重視されてきた。ニューヨーク・ヤンキースのデレク・ジーターを筆頭に、松井秀喜でさえも2番を打った。当時のヤンキースの監督、ジョー・トーリも、まさか松井にバントをさせようとして2番に据えたわけではあるまい。

いまのメジャーリーグでは、大谷翔平がプレーするロサンゼルス・エンゼルスのマイク・トラウトはリーグを代表するスラッガーで、2016年からの本塁打数を見ると、29本、33本、39本と抜群の成績を残しているのだが、2番に入ることが多い。これは後述するが、下位打線に出塁率の高い選手を置いておくと、2番にチャンスが回ってくることが多く、ここで打点を稼ぐことが可能になるからだ。

数試合だが、エンゼルスのマイク・ソーシア監督は、大谷を2番に置いた。僕が監督でも、そうしたかもしれない。大谷は長打力もあるし、加えて足が速いから3番、4番が右中間方向に打球を飛ばせば、三塁、ひょっとしたら一気にホームにまで帰ってくる可能性もある。つまり、２番は自分のバットでランナーを帰せるだけでなく、なおかつ自分もホームに帰ってこられる選手なのだ。現代野球では、この打順に座る選手はワクワクさせてくれる打者でなければいけない――と僕は思う。

他の強豪チームを見ても、ヒューストン・アストロズは打率が３割を超え、パンチ力もあるホセ・アルトゥーベを２番に置いているし、ヤンキースにいたってはホームラン50本を打てる長打力を持つアーロン・ジャッジを２番にしている。

メジャーリーグのトレンドは、とにかくいちばん打つ選手を２番に置くことなのだ。

僕も能力の高い選手を２番に置いておきたいと思う。２０１８年に入団した村上は４番として育成しているが、将来的には彼が２番に座るような時代が来るかもしれない。

そしてもうひとつ、日本では見過ごされているのが６番打者の価値である。僕は６番打者こそ「ポイントゲッター」になれると思っている。なぜなら、クリーンナップは「ＯＰＳ」の高い選手が並んでいるから（ＯＰＳとは、出塁率と長打率の総和で、アメリカでは打者を評価するにあたって重要な指標とされ、スポーツ専門のサイトでは、ＯＰＳがボックススコアに記されるほど）、６番に打順が回る時は、ランナーがいる可能性が高い。つまり、６番はかなり高い確率でチャンスが巡ってくる打順なのである。

チーム力を計る場合、6番に好打者を配置できるチームは、かなり余力のあるチームだと思う。本来ならば、クリーンナップを打てる選手を6番に回せるのなら、打線に相当厚みがあり、対戦するチームとしては中盤以降の投手のやりくりに、かなり気を使うことになる。

僕の考えとしては、現代の野球ではクリーンナップを挟む「2番」と「6番」が大事だということだ。

この打順にひと工夫を加えれば、得点力は増すはずだ——というのが僕の考えだ。

「9番」の役割

ただし、セ・リーグとパ・リーグでは考え方が変わってくるのは否めない。僕はセ・リーグ流の投手が打席に入る野球を愛しているが、二軍で指名打者制を監督として経験してみると、

「あ、やっぱりセ・リーグって9番で途切れることが多いんだな」

ということに気づく。

セ・リーグの場合はリセットして1番から、ということが多く、やはり1番を基点にして

打順を作らなければいけないが、指名打者制であれば、打線を「つながり」、線で考えることが可能になる。

指名打者制のゲームを二軍監督として経験してくると、2番・6番に加えて、「9番」の存在がとても大切だということに気づいた。

二軍の場合は、9番に野手を置くわけだが、ビッグイニングが生まれるケースを見ていると、9番が出塁して上位につなぐことがひとつのポイントになる。そして2番がチャンスを広げ、ランナーが溜まったところでクリーンナップがドカーン！　と長打を放つと、3点、4点とスコアが入っていく。そして、6番がダメを押せれば最高である。

いま、僕が考えているのは、9番に出塁率が高く、足が速い選手を置いておくことで、チャンスが大きく広がるのではないか、ということだ。

僕もいろいろとシミュレーションをして、同じ打者を1番に置いたらどうなるだろう？と考えたこともある。セ・リーグの場合はその方がセオリーにかなっているだろう。ただし、9番打者が出れば、1番がさらにチャンスを膨らませる可能性がある。1打席少なくなるリスクはあるものの、1番にふさわしい打者を、あえて9番に置いた方がチャンスが「大きく育つ」のではないか、ということを考えている。

実際、9番打者が出塁し、1番、2番とランナーがどんどん溜まってクリーンナップに回した方が、ダグアウトから見ていてもワクワクしてくる。この9番と1番、打順のひとつのズレで、どれだけ得点力が変わってくるのか、もっともっとプロ野球界で研究されていいと思う。

パ・リーグでは同じような発想で打順を作っているチームもあるし、セ・リーグではラミレス監督のＤｅＮＡが、8番に投手を入れ、9番に野手を入れて、チャンスを大きくしようという意図が見て取れる。

大胆な采配をふるうチャンスは、まだまだ残されているはずだ。

守備シフトは進化するのか？

一方、アメリカの野球を見ていると、大胆な采配は守備の方で採用されている。

左打席の極端に引っ張る打者に対しては、三塁手以外、一塁手、二塁手、遊撃手が二塁ベースよりも右側に全員守っている。特に二塁手などは、かなり浅いライトで守っているような感じで、「4人目の外野手」といってもおかしくない感じだ。

極端な守備シフトの日本での元祖は「王シフト」だが、二軍のコーチ陣で、その有効性について雑談したことがある。

メジャーリーグがなぜ極端なシフトを敷けるのかというと、膨大なデータがあるからだろう――という点で意見が一致した。ある方向に打球が飛ぶ可能性が高いのなら、そちらに野手を配置した方が有利になるのは間違いない。

では、なぜ日本では採用されないかというと、そこまで極端に引っ張る打者がいないのだ。日本の野球のシステムだと、おそらく中学・高校時代から「空いているところを狙ってけ」という指示が飛ぶはずだ。日本の打者はだいたいが器用なので、大きく空いているところに打ててしまう。それに、バントをしてくる確率も高い。日本ではシフトを敷くと、かえってピンチが広がりそうな気がしますね……という話になった。

そこで僕が思ったのは、アメリカの「決闘」感覚だ。

アメリカでは、よっぽどのことがない限り、空いているところに打とうとはしない。あくまで来た球をガツンと引っ張る。それしか考えていない。彼らにとって、空いているところに打ってヒットを稼ぐのは、セコいのだ。メジャーリーガーは力でねじふせて、自分の力を認めさせるのである。

その意味で、ロサンゼルス・エンゼルスでプレーする大谷翔平は、極端なシフトを敷かれても、正々堂々と勝負するアメリカっぽい打者だ。スイングもアッパー気味で、「あんな振りで外野まで飛ばす日本人がいたのか」と驚いたほどである。

ゲームを作るということ

野球の奥深さについて書こうとしたら、打順論みたいになってしまったが、ここまでいろいろ書きたくなるのは、50歳にしてたくさんの発見があるからだ。特に打撃に関しては、毎日が刺激的だ。

反対に、投手のことについては、オーソドックスな結論に落ち着く。

2018年のシーズン、ヤクルトの一軍は2位でクライマックスシリーズ進出を決めた。二軍監督の僕としては、二軍で調整を進めてきた選手たちが活躍してくれたことがうれしい。二軍監督として2年目を迎え、おおまかにいって、若手の育成、ベテランの調整は1年目の時よりもうまく運び、ベテランの場合は二軍で取り組んできたことがそのまま一軍での結果につながっている。

二軍で調整を進めた選手の中に、小川泰弘がいる。小川はケガのリハビリを二軍で進め、正直、7割から8割の状態で一軍に戻ったので、昇格直後は本調子ではなく、打たれる場面もあった。しかし、それ以降はローテーションの柱のひとりとして頑張ってくれた。

また、一軍のリリーバーとしては結果が出なかったカラシティーが、先発に転向して結果を残したのには、驚いた。

このふたりが、先発としてしっかりとゲームを作っているのを見て、「やっぱり、野球は先発だな」という思いを強くした。とても、オーソドックスな話だ。

さらには、ヤクルトはブルペンがしっかりしていたことが、交流戦からの復活につながった。夏場からクローザーの石山泰稚《たいち》、近藤一樹、中尾輝《ひかる》らのリリーフ陣がしっかりと仕事をしたのが躍進の理由だが、リリーフが活躍できるのは先発陣がアメリカでいうところの「クオリティスタート」、目安として6回を自責点3点以内に抑えることによる「相乗効果」なのだ。

つまり、先発が仕事をするからこそ、強力な打撃陣が後半に逆転してくれ、それをブルペンが守ることができる。

当たり前のゲームプランなのだが、当たり前のことをシーズンを通して維持するのは難しい。

僕たちは、オーソドックスに、有利に試合運びをするために、打球判断だとか、ダブルスイッチやら、様々なことを考えているのだと思う。

ただし、野球はものすごいスピードで進化しているのもまたたしかである。日本では新しい作戦、プレーというものはなかなか出てこないけれど、メジャーリーグでは、タンパベイ・レイズがリリーフ投手をあえて先発で使う「オープナー」という新しい発想（第7章で詳述）などもあり、分業制の捉え方が変わってきているのかもしれない。

そうした発想が出てくるようになったのも、ビッグデータの分析が始まり、それを読み解く数学者とか、統計分析の専門家が野球の世界にどんどん入ってきているからだ。そう考えると、まだまだ野球には進化する余地が残っているはずなので、そこで乗り遅れてしまうわけにはいかない。僕としては、ちょっと先、半歩先を進んでいきたい。それが大きなアドバンテージになるから。

野球は深い。まだまだ知りたいことがたくさんある。

第6章　僕が学んだ監督たち

ヤクルトの監督から学んだこと

ここまで、二軍監督の仕事についていろいろと考えてきたけれど、僕自身、野村克也監督の影響を多分に受けているのは間違いないと改めて感じた。

日本・アメリカ・韓国・台湾でプレーしたが、戦略・戦術的な発想という意味では、「野村野球」が根っこにある。ヤクルトのスタッフの中にも、野村イズムに触れた指導者が多いので、話が通じるのが早いし、他球団で経験を積んだ指導者と話すと、考え方の違いが際立って面白い。

こうして、監督の考え方が次の世代へと受け継がれていくのだと思う。

僕は「野村野球」がすごく好きだ。

なぜなら、野村監督は野球の奥深さをとことん追求していたからである。「そこまで考えなくても、ええんちゃう?」と思うようなことも中にはあったが、あらゆる要素を考えて野球をするのが、僕には楽しかった。

野村監督の質問には、たとえばこんなものがあった。

「野球のカウントには何種類あるか、知っとるか?」

これは意外に、気づかない選手が多い。指名された選手が少しでも考える素振りを見せると、

「そんなのも分からないで野球をやっとるのか。プロも甘くなったなあ」

とかボヤキながら、講義を進める。

野球ファンならご存知だと思うが、野球のカウントには０—０から３—２まで12種類ある。

そこで野村監督は、

「カウント０—０。投手と打者、どっちが有利だと思う？　一茂？」

などと、僕の３年先輩にあたる長嶋一茂さんを指名したりしていた。僕などは、「まだ投げてないっちゅうの」とツッコミを入れそうになっていた。

いまでも印象に残っているのは、

「フルカウントになった時、投手と打者、どっちが有利なのか考えてみよう」

という宿題が出された時だ。

一般的には、フルカウントで走者がいればゴーできるし、打者が有利かと思いがちだが、そうとばかりも言い切れない——というのが野村監督の考え方だった。

キャンプの夜、１時間以上、ひとつのカウントについて監督がいろいろと解説していく。

僕は、どのカウントについても新鮮な気持ちで聞いていた。

シーズンに入っても、ミーティングは続いた。野村野球の真髄は、実際の試合に入るまでの準備にある。とにかく、カウントの研究をはじめ、勉強することが驚くほど多かった。予習・復習の宿題が出て、野球で起こり得る様々なシチュエーションについて考えを巡らせる。

野村監督は、ある意味で「世界一」だった。他球団のこと、他の監督のことは知らないけれど、試合開始前のミーティングを1時間から1時間半かけて行い、相手の打者・投手を丸裸にするなんてことは、世界中のどこでも行われていない。1990年代はビデオが普及した時代だから、映像を使いながら、監督が解説するだけでなく、投手・捕手陣がみんなであれやこれやとプランを考えていく。

大学からプロに入って、こんなことまで考えている人がいるのかと本当に驚いた。野村監督は、野球のあらゆることを突き詰めて考えないと気が済まない人だったのだと思う。その意味で、野球をとことん愛した人だった。

そして、僕はアメリカに行った時に、「メジャーリーグではどんなミーティングをするんだろう?」と興味津々だったのだが、意外とあっさりしていた。毎試合、全体で話し合いをするようなことはなく、連戦が始まる初戦に選手が集まるのだが、ミーティングというよりも「確認」といった方がいいような集まりだった。

その日の先発は別として、リリーフ陣は試合前の練習が終わると、試合開始の1時間半前くらいにウェイトルームなどに集合して、ピッチングコーチからの話が始まる。

僕が驚いたのは、選手たちがミーティングだからといって肩肘張っているわけではなく、チキンを食べていたり、ジュースをがぶ飲みしていたり、選手によっては寝っ転がったりしながらコーチの話を聞いているのである。

すると、コーチが黄色いリーガルパッドと呼ばれるメモ用紙みたいなものを読み上げていく。

「相手の1番、調子がいいです。気をつけましょう。2番は新人で、あまりデータがありません。3番は昨日、ヒット2本打ってます」

ずっと、この調子で、10分くらいで終わってしまった。

野村野球にどっぷり浸ってきた僕としては、あまりにいい加減なミーティングなので驚いてしまった。

僕としては物足りなかったのだが、時間が経つにつれてだんだん分かってきたのは、アメリカの野球はとにかく早いカウントから勝負が決まるので、「配球」とか細かいことをあまり必要としないということだ。とにかく、ピッチャーは早めにストライクを取って、有利なカウントを作る。打者は、追い込まれる前に狙い球を打つ。

力と力の勝負なので、細かいこだわりはない。

こうした経験を通して、僕は野村野球が世界に通じるものだと感じるようになった。アメリカの選手や指導者から見たら、「そこまで考えなくても、野球はシンプルでいいんじゃないか」と言われそうではあるが、日本の野球が外国に対して勝つためには、こうしたこだわりが必要なのだ。

たとえば、シートノック。日本では少年野球から練習に取り入れている方法だが、アメリカの選手はやり方さえ知らない。シートノックは優れた練習方法で、日本のプロ野球の選手たちが見せるダブルプレーの精密性や、外野から本塁、あるいは三塁への中継プレーの動きなどが洗練されていくのは、シートノックを繰り返していることが大きい。

それにしても、１９９０年代に、アメリカからヤクルトに来た選手たちは、大変だっただろう。ちゃちゃっとしたミーティングしか知らないところに、いきなり1時間半も野球について考えなくてはいけなかったのだから。

野村野球の面白さは、どこにあったか？

野村監督の下で野球をやる楽しみというのは、突き詰めると「勝つ楽しさ」にある。ただし、つらい。

なぜなら、野村監督はものすごく高度なことをバッテリーに要求してくるので、ずっと考えていなければならず、野球をする楽しみというよりも、考えるつらさが先に来てしまうからだ。たとえば、こんな宿題を野村監督は出してきた。

「一死一塁。どうやったら、ショート・宮本慎也の前にツーバウンドのゴロを打たせてゲッツーを取れるか考えてみろ」

とんでもない宿題だった。それを捕手の古田敦也さんとああでもないこうでもない、伏線をこうやって張っておいて、この勝負球でバットのこのあたりに当てさせればツーバウンドのゴロになるんじゃないか、と真剣に考えていた。

古田さんのキャッチングの技術もすごかった。いま、二軍で僕がバッテリーコーチと一緒に取り組んでいるのは、捕手が低めのボールを受ける時に、ミットがお辞儀しないようにすることだ。ミットがお辞儀してしまっては、ストライクを取ってもらえないからだ。

きわどいところをパシッと捕り、ストライクとコールしてもらうことを、メジャーリーグでは「フレーミング」と呼び、いまでは大切な技術として重視されている。フレーミングのうまい・下手も、いまは分析されているらしい。

古田さんはボールをストライクに変える魔術師だった。

右バッターのアウトコースの球は、ミットの先端で捕る。芯ではキャッチしないという。なぜかというと、芯で補ると、ミットがストライクゾーンの外に出てしまうからだ。外角は芯でパシッと捕るのではなく、あえて芯を外して捕り、ストライクとコールしてもらう確率を高めていた。

古田さんはある意味では異端だった。日本のキャッチング技術では脇を締めることを要求されることが多いが、古田さんは「脇は空けなきゃダメなんだよね」と言っていた。

これも、野村監督の高い要求に応えた古田さんの技術だったのだろう。

僕の想像では、野村野球の快感というものは、なんとなく受験勉強に近いのかなと思う。勉強している最中はつらいのだが、結果が出れば楽しい。

実際、日本シリーズで西武の清原和博さんと対戦した時や、セ・リーグだと広島~巨人の江藤(智《あきら》)、阪神の新庄(剛志)と対戦した時などは、徹底してシミュレーションをしていた。

基本的に僕のシンカーは、右打者を相手にした場合は外角から攻めていく。ただし、強打者の場合は右膝のあたりにシンカーを続けて投げる。三塁側にものすごい打球が飛び、スタンドは湧くのだが、僕からすればコントロールさえ間違えなければ、絶対にファウルになると分かっていた。ストライクを先行させ、そこからどう料理するかが、野村野球における僕の仕事で、ホームベースの角を目がけてシンカーを投げた。

ただし当時、このような攻め方がなかなか通用しない選手がいた。巨人の松井秀喜だ。松井の特徴は、振ってこないことにある。ボール球には手を出さず、自分の狙った球をじっと待てる我慢強さがあった。特に打席ではベースから離れたところに立つので、外角に投げたくなるのだが、そこにボールがいったら一巻の終わりだった。

振り返ってみると、松井の攻略法をずっと考えていたことは、メジャーリーグに行ってからのいいシミュレーションになっていた。

メジャーでは3・4・5番あたりはもちろん、9番打者にもホームランがある。しかし、抑え方は一緒で、「いかにしてタイミングを外させるか」に絞られていた。どんなバッターでもタイミングさえ外せば、空振りを取れるし、身体のバランスを崩してバットの先から下側に当てさせれば、ゴロを打たせることができた。

松井と対戦するにあたっては、「あと自分のボールが3キロ遅ければな」というのが、僕の「野望」だった。ボールを遅くしたいと思う投手は、世界中探してもなかなかいないだろう。松井と対戦を重ねていくと、そうしたことが見えるようになっていた。面白いのは、外角の、絶対にそこにはボールが行かないとお互い分かっているエリアに、たまに投げミスでボールが行く時だ。「ヤバい!」と思うのだが、松井もびっくりしていて、手が出ない。プロの世界でも、こうしたことが起こるのだ。

それにしても、メジャーリーグに移籍して初めて対戦した打者が、松井になるとは思わなかったが。

いずれにせよ、僕がとことん考えてから勝負を挑んだのは、野村監督の影響があったからこそだ。

若松監督とオジー・ギーエン

野村野球には、考える楽しさがあった。1999年からは若松勉監督の時代になったが、この時はまた別の楽しさがあった。若松さんが監督になった時は、自分も30歳を超えていたので、何も言われず自由にプレーさせてくれた。小谷投手コーチと話し合い、クローザーとして起用し続けてくれたことにも感謝している。

いま、二軍監督になって分かるのは、若松さんのアプローチは、なかなかできるものではないということだ。とにかく、若松さんは大きく構えていてくれた。

若松さんのおおらかさは、プロの監督、特に一軍監督としての理想像だと思う。選手を大人として扱ってくれていたのだ。ただし、自由というからには、選手たちが「責任」を取らなければならない。

このあたりのアプローチは、ちょっとアメリカに似ていた。

僕はヤクルトからシカゴ・ホワイトソックスのユニフォームを着ることになったが、ここで出会った監督は、野村監督とは正反対の人物だった。ホワイトソックスの当時の監督はオジー・ギーエンで、この人の野球をひと言で表現すれば、「お祭り野球」だった。

細かいことはまったく気にせず、とにかく選手を盛り上げまくってグラウンドに送り出す。オジーは、何から何まで日本とは発想が真逆だった。

僕はホワイトソックスに入ってから、最初はゲームの勝敗がついた場面で投げていたが、そのうち8回を任されるセットアッパーになり、さらにクローザーの調子がいまひとつだったため、シーズンの早い段階でオジーにクローザーを任されるようになった。

一時期、調子を落としたことがあったが、オジーのリクエストがあまりにもシンプルで驚いたことがあった。

「シンゴ、とりあえず1球目はストライクから入ってくれ」

と言ってきたので、

「いやいや、俺ってそういうタイプのピッチャーじゃないんだけど」

と返した。

僕は配球を重視していたから、いきなりストライクで入るという野球はしたことがなかった。それでもオジーは粘った。

「お前のいうことは分かるんだが、とにかくストライクから入ってくれ」

僕はびっくりした。オジーが粘ったからではない。

「野球って、こんなにシンプルなものなのか」と新しい発見があったのである。

振り返ってみれば、オジーとの出会いは発見、というよりも驚きの連続だった。

最初、スプリングトレーニングに参加した時、ショートのホセ・バレンティン（ヤクルトのバレンティンとは別人。念のため）という選手がノックを受けていたが、彼はなんとスパイクを履かずにアップシューズで、しかもズボンにベルトを通さずにノックを受けていた。

「あれ、アカンだろう」と思ったが、誰も何も言わない。むしろ、ニコニコしながらみんなリラックスして練習している。

もちろん、ニューヨーク・ヤンキースとかは、ひげを生やすのも禁止だし、ドレスコードが厳しいチームでは許されないことだろう。ところが、当時のホワイトソックスは、30球団の中でいちばん自由なチームだった。

それはオジーのキャラクターの反映だった。オジーがしたいことは、すべてOK！　という雰囲気があった。それがだいたい日本ではダメなことなので、僕には驚きが強かった。

たとえば日本では、試合終了後のロッカールームでのビールは禁止だが、メジャーではオジーが率先して飲んでいた。

それと、これはホワイトソックスに限らないが、メジャーのクラブハウスには試合終了後に食事が用意されているのも新鮮だった。日本だと、試合が終わってから、気の合う仲間と食事に出かけるのが普通だが、メジャーでは高額の年俸をもらっている選手でも、クラブハウスで食事を済ませていた。たしかに、身体の回復のことを考えると、身体を動かしたあとすぐに食事をとった方がいいし、いろいろと便利だった。

そういえば、遠征先から飛行機で帰る時は「飛行機の中ではアルコールは飲まない方がいいな」と、選手と監督との間で取り決めがあった。なぜなら、空港に着いてから自分の家にたどり着くためには運転しなければならないからだ。もし飲む場合は、奥さんやパートナーに迎えに来てもらえるよう、あらかじめ連絡しておくように、とも約束事が決められていた。

にもかかわらず、僕が覚えているのは、飛行機の中でやたらと陽気に飲んでいるオジーの姿だ。我慢している選手もいるというのに……。この人には「選手が我慢しているから、自分も遠慮しておこう」という発想はなかった。

いつも、ストレスフリー。自分がやりたいと思ったことは、素直にやる。

アメリカではこうしたリーダーが成立するんだな、と思った。もちろん、監督も「個人」だから、選手もそれを認めている部分がある。

オジーは好き勝手に生きている一方で、とても優しいところがあり、僕にとって忘れられない出来事があった。

僕が大切な試合で打たれてしまい、試合が終わってからクラブハウスで落ち込んでいると、

「どうしたシンゴ、何を落ち込んでいるんだ。まあ、飲め」

と言いながら、ビールを差し出してくれた。

それまで、日本の野球で育ってきた僕にとっては、負けた試合で監督がビールを飲めと言

ってくれるなんて想像もできなかった。

アメリカでは、こんな形で監督と選手の距離を埋める方法があるのかと驚いた。

この時の経験を、僕はいつか生かせないかと思っている。クローザーが打たれたとして、へらへらしているヤツは、日本にもアメリカにもいない。ただし、日本だと慰めるという感じではなく、僕が二軍で若手にやっているように、打たれた原因を一緒に探るというアプローチが一般的だ。あるいは、いい意味で放っておくかのどちらかだ。

しかし、オジーのように「落ち込む必要なんてない」とひと言、若手に声をかけられるシチュエーションが訪れてほしいと思う。なぜなら、オジーは、僕が最善の努力をしたからこそ、「何を落ち込んでるんだ」という言葉をかけてくれたからだ。僕がとんでもない配球ミスだとか、コントロールミスをしたわけではないことを、オジーは理解してくれていたんだ、といまになって思う。

野球には、こういうことだってあるさ。

オジーは僕に、そう教えてくれた。だから、僕も同じようなことが起きたら、オジーのスピリットをヤクルトの若手選手に伝えたい。

こうして僕は、まったく違った環境で野球ができたことで、35歳を過ぎてから野球に対するモチベーションが格段に上がった。特にホワイトソックスでのルーキーシーズンは、成績が良かったこともあり、「ここでは野球を楽しまなきゃ損だな」と考えるようになった。その時の野球に対する気持ちといえば、こんな感じだった。

早く球場に行きたい。

早く試合もしたいし、早く投げたい。

腰や肘にトラブルを抱えていて、体調は万全というわけではなかったけれど、もう、そんなことは関係ないと思えるほど野球が楽しかった。球場に行き、緑の芝生の上でアップをしたり、キャッチボールをしたりするのが楽しくて仕方がなかった。

こうして振り返ってみると、ヤクルトの二軍でも、どこかオジーの影響を受けているような気がする。

僕は、野村監督の下でたっぷり勉強し、若松監督の下で責任を感じながらプレーし、そしてオジーのお祭り野球を体験してきた。いまは日本にはないオジーのアプローチを、監督として実践したいという気持ちもある。しっかりと勉強をしたうえで、あとはエンジョイしておいで、と選手を送り出したいのだ。

勉強になったGMのスピーチ

ホワイトソックスは、オジーと、「ケニー」のチームだった。

ケニーとは、GMのケニー・ウィリアムズのことで、僕はスプリングトレーニングの時にケニーのスピーチを聞いて、ぶったまげた。

その時、クラブハウスには50人から60人の選手・スタッフが集まっていたが、

「我々は勝つために、ここに集まった仲間だ」

というような導入部から始まり、集団として勝つために何をするべきか、という話が続いた。この時点で、あまりのスピーチのうまさに、僕は舌を巻いていた。こりゃ、大統領の演説じゃないか！　と感動するくらい抑揚も素晴らしく、みんなも聞き入っていた。

僕が驚いたのは、スピーチの最後の方で、みんなに向かって「みんな、紙とペンはあるか？」と聞いてから、彼が自分の電話番号を言い始めたことだ。

「何か問題があったら、いつでもこの番号に電話をしてきてほしい。この番号は24時間いつでもオープンにしておくから、気になることがあったらすぐに電話してくれ」

アメリカのリーダーって、選手のモチベーションを上げるために、ここまでするのか……と、そのスケール感に圧倒されていた。

面白かったのは、ケニーのあとにオジーがスピーチをしたのだが、これがズッコケスピーチだったのだ。

「ユニフォームをちゃんと着なさいだとか、いろいろなルールが決められてるけど、そんなのどうでもいい！　好きに着て、好きなだけプレーしようぜ、俺たちは！」

監督がこんなスピーチをしていいの？　というような内容に面食らってしまった。

思い出してみると、オジーが譲らなかったのは時間のことと、試合開始前後の人の流れのことだけだ。時間に関しては、

「集合時間だけは守ってほしい。ひとりが時間に遅れると、全体の流れが乱れるし、ややこしいことが起きるから。集合の10分前に来いとは言わないから、なんとかぴったりの時間に来てくれないか。それだけはお願いしておく」

と言っていた。

よくよく考えてみれば、譲らないといっても、当たり前のことしか言っていない。

あとひとつ、試合前のルーティーンとして、

「試合前に国歌を聴く時は、全員がそろって聴くこと。そしてブルペンの投手は、試合途中に向かうのではなく、1回からみんなでブルペンに向かうこと」

という決め事があった。

実は、1回からリリーフ投手が全員、ブルペンに向かうことはメジャーリーグでは珍しい。なぜなら、セットアッパーは8回まで出番がないし、クローザーも9回まで投げる機会はないからだ。だいたい、3回が終わったくらいからブルペンに向かえば間に合う。

ゆるいオジーのことだから、そうした準備の方法を採ってもよさそうなものだが、

「俺たちは戦う集団だから、ブルペンのみんなも1回からしっかり戦ってほしい」

と話していた。

つまり、「ゆっくりしてちゃダメだよ」という意味ではなく、全員で戦うという意味で、ブルペンにそういうことをリクエストしていたのだ。このあたりは、オジーなりのこだわりで、共感する部分が多かった。

メジャーリーグのチームは、1年だけしか成立しない。選手がフリーエージェントになれば球団を出ていくことも多いし、誰もが「このメンバーで戦えるのは今年だけ」と分かっている。トレード期限が近づけば、隣のロッカーの選手がいなくなってしまうこともあり得る。だからこそ一日、一日が大切なのだ。オジーはそのことを分かっていたのだと思う。

ケニーとオジーはアプローチこそ違えど、こうした部分ではつながっていた。いま思うと、

ふたりはとてもいいコンビだった気がする。

ケニーのことで思い出したのは、リーダーシップだけではなく、とても気が利く人だったということだ。

遠征先に向かう時、シカゴ発の便では、僕と通訳のふたりにだけ、和食を用意してくれていた。ごはんも温めたものが出てくるし、うなぎの蒲焼きやそば、それに日本のビールが用意されていた。ホワイトソックスが使っていた航空会社が日本の航空会社と提携していたので、ケニーがお願いして、わざわざふたり分の日本食を手配してくれていたのだ。これは、本当にありがたかった。こうした気づかいができるリーダーは、やはり尊敬を集めると思う。

ケニーには厳格なリーダーシップがあり、さらにはこうした細やかさもあった。僕にとってケニーは、威厳を保ち、隅々まで目が届く優秀な政治家のように見えていた。

そして、オジーには選手のモチベーションを上げていく陽気な性格が備わっていて、僕たちはのびのびと野球を楽しんでいた。

こうしたコンビネーションを見ると、やはり野球は組織の戦いだと思う。

僕もたしかな組織を作っていきたい。

選手のモチベーションを上げるために、「自由」を保証する

ケニーとオジーは、試合以外のかなりの部分で、選手に「自由」を与えていた。たとえば、遠征先でのマナーも、日本とアメリカではまったく違う。日本ではホテルを出る時にはすでにユニフォームに着替え、チーム全体でバスに乗って球場へと向かう。それがひとつの「儀式」になっている。

ところが、メジャーリーグでは私服で構わないし、ホテルからバスも出るのだが、最初の遠征先のカンザスシティで僕と通訳のふたりがバスに乗ると、僕らの他にはトラベルセクレタリー（旅行の担当者）と非番の先発など、3人くらいしか乗っていなかった。

「これ、どうなってんのかな？」

と不安になったが、球場に到着すると、すでにみんなはクラブハウスで大いに盛り上がっていた。ガンガン音楽が鳴り、トランプをやったり、食事をしたり、試合が始まる前とは思えないほどのにぎやかさである。

「なんじゃこりゃ？」と思ったのだが、みんなはバスで来るようなことはせず、思い思いにタクシーを使ったり、中には4人でお金を出し合って、レンタカーを借りて球場まで「通勤」している選手までいた。

メジャーリーグの選手たちには、集団行動という概念があまりない。あくまで個人として動き、チームの集合時間までは自分の時間を過ごしている。ただし、遊んでいるばかりではなく、早めに球場に来てトレーニングを済ませてから、みんなでワイワイとした時間を過ごすのを好んでいた。なんとなく、部活のノリに近かったかもしれない。

プロなのに、なぜこうした自由が許されているのか？

メジャーリーグの発想は、

「プレーボールからゲームセットまで、3時間を集中して仕事をしてくれればいい」

というものだからだ。これが、プロのスタイルなのだ。

僕が感じたのは、3時間に限られているからこそ、集中力が高まるということだ。特に僕の仕事はブルペンから出ていき、1イニングだけ相手を抑えればいいわけで、およそ10分で仕事は終わる。

僕の仕事時間は本当に限られていて、プレーボールが夜の7時5分だとすると、6時50分までにアップを終えていればいい。6時20分くらいから15分くらい身体を動かして、その後に15分くらいキャッチボールをする。クラブハウスに戻ってさっと着替え、試合開始のセレモニーを迎え、1回表からブルペンで試合を見る。

そして試合が流れていき、自分の出番が来そうだと思ったら、「この1イニングのために最高の仕事をしよう」と、ブルペンでも、マウンドでも、自分がなすべきことにフォーカスした。

メジャーリーグの先発投手陣の集中力もすさまじかった。カリブ海出身の選手たちの中には、先発の前でも陽気な人もいたが、アメリカ出身の選手は、試合前はとても近寄れない雰囲気を出している方が多かった。日本人でも結構近づきにくいタイプの先発もいるが、メジャーリーガーの「バリア感」は、それこそハンパない。

これだけ集中力を高められるのも、中4日でローテーションを守り、オンとオフがハッキリしているからだろうと思った。

僕がヤクルトの一軍の投手コーチだった時、先発投手に「夕方6時のプレーボールまでに完璧に準備をしてくれれば、それまでに何をしていても構わない」と言ったのは、アメリカでのこうした経験が影響している。

人間が集中力を発揮し、それを維持できる時間は、とても限られていると思う。5時間も、6時間も集中力は持たないし、いろいろなスポーツを見ても、2時間から3時間あたりが限界だろう。

だからこそ、当日の先発投手が昼過ぎから球場にいてグダグダ過ごしてしまうと、集中力の度合いが薄まる気がしたのだ。なんだかんだ球場にいると、ずっと「オン」の状態になり、エネルギーを使ってしまう。日本のプロ野球の場合、球場を出て、家に着いてやっと気持ちのスイッチが「オフ」になる、という選手が多いはずだ。

その点、メジャーリーガーはオンとオフの切り替えがとにかく素早い。シーズン162試合を戦い終えると、チームはその時点で解散。日本のように納会やら打ち上げやら、会合はない。最後の試合が終わったら、中には慌てて空港に車を飛ばす選手までいる。「自分の家に帰る飛行機を6時に予約してるんだよ」と言って、すぐに帰ってしまうのには驚いた。余韻も何もあったものではない。納会は？　ゴルフコンペは？　日本のオフしか知らなかった僕は衝撃を受けた。ちょっとばかり寂しい気さえした。

それどころか、シーズン最終戦はみんな早く帰りたいから、打者はなんとなく早打ちになるような気がする（もちろん、ポストシーズン進出がかかっているチームは別です）。

せっかくプロ野球選手という好きな職業についたのだから、長時間労働よりも、短期集中の方が良くないか？　パッと来て、ビュッと集中力を高め、いいパフォーマンスをしてもらう。それが僕の狙いだった。

いつか、このスタイルが定着しないかと、僕は密かに願っている。

振り返ってみると、野村監督からオジーまで、振れ幅の広い指導者に出会えたことは、僕の大きな財産になっている。監督との出会いはアイデアとの出会いであり、それを自分独自のアイデアにするべく、いま、いろいろと考えているところだ。

第7章　二軍珍事件簿

4番・サード・原

ここまでは真剣に二軍監督の仕事について考えてきたが、最後にホッとしていただきたいので、僕が二軍で体験した、信じられないような話をご紹介していこう。

冗談ではなく、二軍にいると、一軍では考えられないような状況に陥ることがある。ケガ人続出で選手が足りないから、投手に外野を守らせるといった草野球で聞くような話が、本当に起きることもある。

実際に、ケガ人が増えて「本職」が足りなくなってしまったこともある。僕が二軍監督1年目だった2017年のシーズンは、本職の三塁手がいなくなった。誰を守らせるか、悩みに悩んだ末、僕は、喜界島のバレンティンこと、鹿児島県の喜界島出身の原泉を4番で起用した。なぜなら、「4番・サード・原」という響きは、僕らの世代にとっては特別なものがあるからだ。もちろん、原辰徳さんのことである。

原は本来、外野の選手なのだが、僕は試合前に、

「うまく守ろうとしなくていい。とにかく、打球が飛んできたらグラブを出せばいいから」

とアドバイスして送り出した。

その日、ヤクルトの４番・サード・原は、見事に活躍してくれた。

原は２０１７年のシーズン終了後、ヤクルトを退団したが、あの試合では僕の無茶な采配によく応えてくれたと思う。原が第二の人生で成功することを祈っているが、あの試合のことを僕が忘れることはないだろう。

先発投手がいない！

その他のケースでは、ローテーションの関係で、先発投手の駒が足りなくなったことがあった。いや、足りなくなったのではなかった。誰ひとり、先発できる投手がいなかった。

その時、僕はどうしたか？

状況を説明すると、投げさせられる投手は６人しかいなかった。ただし、この６人は全員がリリーフ投手だった。僕のミッションは、２日間・18イニングを、この６人で切り盛りすることだった。

単純計算で、ひとりあたり2日間で3イニング。初日、僕が６人の投手たちに話したのは、

「今日、１イニング投げた人は、明日は２イニング投げてもらうから。今日、２イニングの

ピッチャーは、明日1イニングだけね。そのつもりで準備してください」

じゃあ、誰が先発をするのかというと、正直、誰でもよかった。高校時代は先発をしたことがあるにせよ、プロに入ってからはブルペンでの仕事が専門の連中ばかりだから、僕はみんなにこう言った。

「それで、先発だとか、誰がどの順番で投げるかということなんだけれども……ジャンケンで決めて」

プロ野球でジャンケン。本当にあったのだ。そうしたら、選手たちの反応が面白かった。みんな、久しぶりに先発できるかもしれないと興奮気味で、喜んでジャンケンをしていた。みんな、野球が好きなんだな、と思った。

さて、その2日間はどうなったか。

結果は1勝1敗。ブルペン6投手の団結力はたいしたもので、なんとかゲームを壊さずに2日間を乗り切ることができたのである。

もちろん、こうした事態は例外的で、長続きするものではない。それでも、二軍にはこうした草野球的な要素があり、それが僕にはとても楽しい。

しかも、こうした采配がまんざら間違っていなかった、というケースが、アメリカにあった。

メジャーリーグのタンパベイ・レイズのケビン・キャッシュ監督は、ふだんは救援を任せている投手を、いきなり先発で起用する「奇策」を２０１８年のシーズンに用いた。

通常であれば、メジャーリーグでは先発を5人のローテーションで回し、ブルペンには7人か、８人の救援投手を置いておく。先発の成功の目安は「6回・自責点3点以内」の「クオリティスタート」で、そこから先はブルペンの仕事だ。

ところが、レイズはこの常識を覆した。なぜなら、先発投手は初回に失点する可能性が高いからだという。

この話を聞いて、なるほどと思った。先発投手は、クオリティスタートのイメージがあり、ペース配分を考えて最初から全力投球をすることはない。しかも、メジャーでは2番に強打者を並べる球団が増えているから、たしかに初回にピンチを招くことが多いのだ。

２０１８年の前半戦、メジャーリーグでイニング別の失点を調べると、最多は1回だった。

そこでレイズは、1回に全力投球のできる救援投手を持ってきて、2回以降に本来の先発投手を起用する作戦を採った。

この作戦を「Opener（オープナー）」と呼んでいるそうだ。

しかも、キャッシュ監督はシーズン終了までこの作戦を続行した。これは監督の一存というわけでなく、球団としてこの作戦を採用したのだろう。めちゃくちゃ面白い作戦だし、まだまだ野球には試されていない戦術があるのだと確信した。

ひょっとして、僕の作戦は世界最先端のものだったのではないだろうか?

二軍は審判を育てる場所?

二軍で試合をしていると、「リクエスト」したくなることがある。一軍で採用されている映像判定のことだ。二軍ではそこまでの設備が整っていないので、リクエストができないのは致し方ない。

実は、二軍全体の課題として、審判を育てるということが挙げられている。プロ野球は選手がいないと成立しないが、審判がいなければプレーボールもかからない。審判もファームのゲームで鍛えられて、一軍へと昇格していく。

二軍の監督会議で、審判部長から「二軍の審判も育ててやってください」という話をもらったことがあった。

「もし、抗議に値するような判定があったら、抗議をしてもらって構いません。いまの若い審判は、そこでひるんでしまうことがあるので、ちゃんとした審判になるためにも、みなさんで鍛えてやってください」

たしかに思い当たる節があった。僕からすると、息子のような年齢の審判が二軍ではジャッジをしていて、「これはちょっとな」と思う判定があった時、抗議をした。ところが、おそらく20代半ばの審判は涙ぐんでしまった。

「マジか」と思いながら、僕も落としどころを探り、「じゃあさ、他の審判と話してくれ」と言った。

二軍の試合では、審判は球審、一塁塁審、そして三塁塁審の３人で試合を進める。他の審判と話したところで、判定が覆らないことは知っている。結局、「監督、判定の通りです」で終わった。それはそれで仕方がないし、押してばかりいても、審判を困らせるだけだ。

翌日も同じクルーがジャッジをすることになっていて、日が改まったこともあり、僕の方から「昨日は熱くなって、悪かったなあ」と謝った。

審判との間では、日本でもアメリカでも、こうした駆け引きがある。二軍だと、人も少ないから、監督と審判の距離が近くなり、こうしたコミュニケーションも成り立つ。

こうしたやり取りを振り返ってみると、つくづく二軍は「免疫力」を高める場所なんだな、と思う。

メジャーリーグだと、監督はしょっちゅう「さっきのはボールだったじゃないか！」と球審に文句を言っている。向こうの野球はそういうものなのだ。しかし審判の方もベテランだから、「もうそろそろやめてくれ」というサインを出す。それを無視すると、退場だ。

アメリカほどではないけれど、日本の二軍でも審判とコミュニケーションを取ることが、将来の野球界を支えることにつながると思う。

ちなみに僕は、監督として、審判には結構優しい方だと思う。

釣りとゴルフの話

僕が二軍監督になってから、コーチやスタッフとの親睦を深める意味で、月に一度、月曜日に「月例ゴルフ」を実施している。

それを最初に提案した時に分かったのは、コーチ陣には「ゴルフ好き」と「釣り好き」がいるということだ。

中には、釣り好きのゴルフ好き、というとんでもないコーチもいて、早朝3時くらいに起きて4時から釣りをして、朝の8時にゴルフのラウンドに来ました、という猛者《もさ》もいる。

野球界の摩訶不思議のひとつに、なぜか釣り好きが多く、それも西日本出身の選手が多いということだ。広島、そしてメジャーリーグでプレーした黒田博樹は、ヤンキース時代、キャンプ地のフロリダで釣り糸を垂らしていたというし、ホークス、メジャーリーグのシアトル・マリナーズ、阪神でプレーした城島健司は、引退してから野球の仕事はしないが、釣り番組には出演している。すごいこだわりだ。

釣り番組といえば、ヤクルトでプレーした川崎憲次郎は大分・津久見高校出身で、大分の釣り番組に出ている。

謎だ。そもそも僕は餌に触ることさえできない。

それにしても、西日本出身の選手がなぜ釣り好きか、誰か教えてください。

池山さんのこと

西日本出身者というと、ヤクルトの先輩に池山隆寛さんがいる。池山さんは楽天で二軍の育成に関わっていたので、球場で会うのが楽しみだった（2018年は二軍監督）。

2018年にはフレッシュオールスターゲームの選手を決める監督会議があり、東京・田町にあるNPB（一般社団法人日本野球機構）のオフィスに行くと、池山さんがいた。

２０１８年のフレッシュオールスターゲームは、イースタン・リーグがやたら豪華だった。3番に清宮幸太郎（日本ハム）、4番はわがヤクルトから村上、5番には安田尚憲（千葉ロッテ）という、将来の侍ジャパンのクリーンナップにそのまま昇格しそうなスターがそろった試合だった。

話を監督会議に戻すと、池山さんは楽天を代表して出席していた。会議が終わり、僕がタクシーに乗ろうとしていたら、池山さんもビルの外に降りてきた。

「池山さん、どこまで行くんですか？」

と僕が聞くと、

「明日、横浜でゲームがあるから、新横浜で泊まるんだよ。だから、これからタクシーで東京駅まで行って、そこから新幹線に乗る」

僕は、「あれ？」と思った。新幹線に乗るんだったら、田町駅は品川駅の隣だ。どうして数駅離れた東京駅まで行く必要があるんだろう？　東京駅で何か用事でもあるのか。僕は言った。

「池山さん……新幹線が乗れる品川駅、すぐそこですよ」

ちょうど第一京浜の標識があって、「品川２㎞」と書いてある。池山さんは「そうなのか」とニヤリとして、品川駅に向かった。

その後、楽天と試合があった時、池山さんが僕のところまで挨拶に来てくれた。

「いやさ、臣吾。新幹線まで２㎞で着いちゃったよ」

そう言って池山さんは、白い歯をのぞかせて笑っていた。

僕が不思議に思ったのは、池山さんは僕と同じヤクルトの選手で、東京に住んでいたことがあるはずなのに、なぜ東京駅と品川駅の位置関係を知らなかったのだろう、ということだ。

「やっぱり、スターは違う」

僕は思わずつぶやいた。

阪神との二軍戦は盛り上がる

一軍は初夏の時期に交流戦で盛り上がっているが、二軍にもウエスタン・リーグのチームとの交流戦がある。滅多に会えない同世代の指導者といろいろと情報交換できるのが楽しい。

その時、阪神と対戦したのだが、阪神の二軍戦は「豪華」なのに驚いた。賞品の数がハンパないのだ。ホームラン賞、勝利投手賞、安打賞、盗塁賞、勝利打点賞もいまだにあった。

試合前、賞品のリストを見てたまげたほどだ。

コーチたちとこんな冗談を言い合った。

「阪神の二軍、どれだけスポンサーついてんの？　俺たちにも少し回してよ」

それも阪神の選手だけでなく、ヤクルトの選手がホームランを打って、自転車をもらっていた。とてもうれしそうなのが、二軍の選手らしかった。

阪神との2試合では、2日間通しでファン投票を実施していた。人気投票みたいなものである。

その時、阪神の1位はロサリオだったが、ヤクルトの1位は……「俺」だった。しかもぶっちぎりで。

人気投票の結果が発表されると、僕は選手たちにこう言い放った。

「まだまだお前らには負けんということよ。悔しかったら、投票で俺を超えてけ」

すると、誰かがこう突っ込んできた。

「監督、やっぱり『大都会』人気なんですかね？」

「大都会」。昔、テレビで歌った映像がYouTubeにあるので、二軍の選手たちはもれなくそれを見ている。何かあるたびに、「大都会！」と声をかけてくる。困ったものである。

「プロの選手は、グラウンドの中と外で魅せてなんぼじゃぞ」

と僕は選手たちを励ます。監督に負けてちゃダメだ。早く俺を超えていけ、という思いを込めて。

ちなみに、この人気投票第1位の賞品は枝豆だった。

二軍には珍プレーが多いのだ

二軍では何かと、一軍ではお目にかかれないようなプレーを目にする。一軍から二軍にやってきたチーフコーチの三木が、シーズンが始まってしばらくすると、こんなことを言ってきた。

「高津さん、ファームってこんなに牽制アウトって多いんでしたっけ?」

実は、そうなのだ。二軍は牽制アウトの数が明らかに多い。それには理由がある。

一軍で牽制アウトが少ないのは、次の理由による。

一軍でバリバリ投げている投手は、クイックモーションがうますぎて、ランナーはスタートを切ることさえできない。しかも、キャッチャーの肩もいいから、よっぽどフォームを盗むでもしないと盗塁を仕掛けられない。

ランナーもそれが分かっているから、一塁に戻る体勢をいつでも取っている（余談だが、一塁に戻ることを考えているランナーは、二塁寄りの右足に重心を置いている。なぜなら、その方が一塁に戻りやすいからだ。反対に、盗塁をうかがっているランナーは、一塁寄りの左足に重心を置く。一般的には反対だと思うかもしれないが、実際にやってみると理にかなっていることが分かるはずだ）。

ところが、二軍の投手はクイックも雑だし、キャッチャーの肩もピンキリだ。僕も思い切りプレーすることを奨励しているから、選手たちも先の塁をどんどん狙っている。相手の牽制もそれほどうまくないだろう……そう高をくくっていると、やられる。

当然、牽制死を取られるとチームの士気は下がる。反対であれば、盛り上がる。

ただし、僕は監督として、牽制死ひとつで一喜一憂はしたくない。なぜなら、二軍は勉強する場所だからだ。

選手は、二軍で手痛い目にあい、野球を学んでいく。

失敗といえば、僕の二軍監督1年目には、敬遠のサインを出しているのに、楽天のオコエ瑠偉《るい》にライトにヒットを打たれたことがあった（2017年のシーズンは、まだ申告敬遠〈守備側の監督が球審に敬遠の意思を伝えると、投手が投げなくても打者が四球になる制度。

２０１８年シーズンから導入された〉が認められていなかった〉。

敬遠のサインを出しているのに、いったいどうして……？　その時、僕は次の打者のことを考えていたから、いきなりボコッと打たれて、何が起きたんだ？　とびっくりしてしまった。まさに珍プレーだ。

あとでバッテリーに話を聞いて、合点がいった。

どうやら、捕手が立ち上がる敬遠は避けたかったらしく、外角にはっきりボールと分かる球を投げようとバッテリーで決めたという。

ところが、投手が中途半端なボールを投げてしまい、リーチの長いオコエにライト前に運ばれてしまったのだ。

僕から見れば珍プレーだが、ピッチャーだって打たれようとして投げたわけではない。しかし、外し切れなかった。こういう珍事件には、どう対処するべきか？

笑って済ませてもいい。

怒るのも、ひとつの手かもしれない。

でも僕は、「じゃあ、練習するか」とバッテリーに言った。

通常、はっきりボールと分かる球を練習で投げることはない。しかし、一軍になれば、申告敬遠とはいかないまでも、1、2球くさいところにボールを投げるケースはある。一軍で失敗するよりは、二軍で失敗した方がいい。一軍ではとてもじゃないがこういう練習をしている時間はない。二軍でこうしたスキルを身につけさせて一軍に送り出す。手間がかかる仕事といっていいだろう。

珍事件と笑って済ませてはいけないケースもあるのだ。

ヤクルトは一軍も大変だ――という話

コーチたちと話していて、みんなの意見が一致したことがある。それは、ヤクルトの一軍で働くことは、結構大変だということだ。

まず、クラブハウスが球場の中にあるわけではなく、隣接されている。

ヤクルト・ファンにはいうまでもないことだろうが、一塁スタンドの後方にクラブハウスがあり、選手たちはそこで着替えて球場に向かう。他のチームは当然のことながらダグアウトの裏にロッカールームがある。ヤクルトの場合は、ファンのみなさんの目に触れることになるので、少々、緊張する。

それに、室内練習場が遠い。だから自転車に乗って練習場に向かう選手も少なくない。

ヤクルトの一軍でプレーするということは、かなり大きな範囲を移動しながら仕事をするということなのだ。ストレスになることもあるし、なかなか大変なのである。

コーチ陣のほとんどはそうした環境の中でプレーしていたわけだが、もっと一軍の設備が充実すれば、成績も上がるのではないか、という意見が大半だった。

その意味では、二軍の球場がある戸田の方がコンパクトなつくりでいいのかもしれない。でも、二軍の方がいいと思われてしまっては困る。選手は一軍でプレーしなければいけないからだ。

ただし、東京オリンピック・パラリンピックの開催にともなって神宮外苑が整備されることになっている。神宮球場も新しくなるという。その時は、ファンにとって見やすく、我々にとっても仕事のしやすい球場になってくれるといいなと思っている。

自分がマウンドで笑われた時のこと

ここまで僕の周りで起きた珍事件ばかり書いてきたので、最後くらいは自分のことを書こうかと思う。ただし、メジャーリーグでの話。

僕がシカゴ・ホワイトソックスでプレーするようになり、クローザーに抜擢された時期に、ちょうどシカゴでは「ウィンディシティ・シリーズ」の季節を迎えていた。

これはシカゴに本拠地を置くアメリカン・リーグのホワイトソックスと、ナショナル・リーグのシカゴ・カブスがインターリーグ（交流戦）で対戦することを指す。

シカゴの街は風が強く、「ウィンディシティ」と呼ばれているので、こういう別名がついた。

シカゴではウィンディシティ・シリーズの何週間も前から両チームのロゴが入ったバスが走ったり、テレビでも大きく取り上げられたりして気分を盛り上げる。

それにまた、両チームのファンの雰囲気がまったく違い、憎み合っているといっても過言ではない。

ホワイトソックスはシカゴのサウスサイドにあり、正直、品が悪い。球場への行き帰り、「シンゴ、あの地域だけは赤信号でも車を止めるなよ」とアドバイスされたほどだ。ただし、ファンは熱い。

対するカブスの方は、ノースサイドにあってお上品な感じ。２０１６年には１０８年ぶりにワールドシリーズで優勝したが、当時はとにかく勝てないので有名だった。

ホワイトソックスとカブスの対決は、みんなが待ち遠しく思っているので、試合が始まってからも熱い。その時も試合はもつれて、クローザーの僕が8回の２アウトから登板するような状況になった。なんだかポストシーズンの試合みたいな緊急対応である。

僕がレフト後方のブルペンからマウンドに向かおうとすると、スタジアムにボクシングのゴング音が鳴り響いた。それを合図に、観客が総立ちになり、フェンス際まで下りてきて、「シンゴ、頼むぞ」とかなんとか言っていたはずである。もう、ビールを飲んでできあがっている人たちも多いから、とんでもない声援が僕におくられた。

その時僕は、

「ああ、野球やっててよかったな」

としみじみ思った。こんな声援を受けられるなんて、滅多にないことだ。

そして僕がマウンドで相対したのが、１９９８年にホームラン66本を打ったサミー・ソーサだった。

マウンドから見たソーサは意外に小さくて、「こんな身体の選手が、60本もホームランを打つのか」と思った記憶がある。僕としても、ここは勝負どころだ。なんといっても、ホワイトソックス・ファンの期待を裏切るわけにはいかないからだ！

そして、僕は全力で投げた。

90キロくらいのカーブを。

意気込んでいたソーサは見送って、笑っていた。

ホワイトソックス・ファンは、やんやの大喝采である。

メジャーリーグの世界は、真っ向勝負が基本だが、100キロに届かないカーブは、僕にとって最高の勝負球だった。

ソーサには笑われたけれど。

エピローグ

2018年、ヤクルトの二軍から村上宗隆が一軍に上がり、高橋奎二も一軍のマウンドで先発登板を果たした。

彼らが一軍に上がったら「ドキドキするだろうな」と想像していたが、その通りだった。現場ではなく、テレビで一球一球を緊張しながら見ていた。

プロ野球は不思議な世界だ。

彼らと僕がヤクルトという場所で出会い、野球を教える・教えられる立場になったのは偶然でしかない。

それは自分の人生を振り返っても同じことがいえる。

僕は1990年の秋のドラフト会議で、ヤクルトに3巡目で指名された。1巡目は1992年の日本シリーズで大車輪の活躍をした岡林洋一（専修大）で、2巡目はいまでも長い付き合いをしている小坂勝仁（東北福祉大）だった。

僕はドラフトの様子を聞きながら、不思議な感じを味わった。

普通、就職活動というものは、自分が「入りたい」と思う会社があって、そこに面接に行く。しかし、プロ野球の世界は自分が指名されるのを待たなければならない。そして岡林や小坂、そしてなにより僕にシンカーの習得を勧めてくれた野村監督と出会ったのは、縁でしかない。

ドラフトというのはつくづく不思議なもので、たとえば山田哲人は他の球団のユニフォームを着ていてもまったくおかしくなかった。

その年、ヤクルトは1巡目で斎藤佑樹（早稲田大↓日本ハム）の抽選で敗れ、さらに塩見貴洋（八戸大↓楽天）のくじ引きも外し、ようやく山田哲人を指名したが、この段階でもオリックスと競合していて、なんとか交渉権を獲得することができた。

もしも、外れ1位の最初の段階で山田の交渉権を他の球団に持っていかれていたら、ヤクルトの歴史は変わっていただろう。

その山田も3年目で一軍に定着し、4年目に打率3割2分4厘、本塁打29本を打ち、そして5年目に「トリプルスリー（シーズン打率3割・30本塁打・30盗塁）」を達成する。

山田も戸田のグラウンドで練習したことが、大活躍に結びついたのだ。

選手は球団を選べない（基本的にはね）。二軍監督、コーチたちはスカウトの目を信じて、育てることに情熱を傾ける。

野球を通じて、人間の縁が結ばれる。とても、面白い仕事だ。

二軍監督としての仕事を、勢いに任せて書いてきたけれど、なんとかこの仕事の醍醐味を伝えられたかな、と思っている。

「二軍監督という仕事」に必要な資質があるかどうかは分からないけれど、「人が好きなこと」、それに「我慢強さ」が必要なのかなと思う。じっくり待つといった姿勢を、僕は現役時代から持っていたような気がする。

僕のヤクルトの未来のイメージはこうだ。5年後、2023年あたりには、二軍で面倒を見た廣岡が3番・ショート、村上が4番・サードで、点をどんどんたたき出す。この三遊間はリーグを代表するコンビになるだろうし、本当に実現すれば、二軍のスタッフとしての仕事ができたかな、と思うだろう。

そして投手では、高橋、寺島が先発ローテーションの核となり、梅野が抑えで活躍する。ヤクルトが優勝争いに絡むためには、この3人が中心となっていかなければならないし、その意味でも、僕はいまものすごく大切な仕事をしていると実感できる。

ドラフト上位指名の選手だろうと、下位指名の選手だろうと、モノになるかどうかは分からない。いま、僕が思っているのは「なんとかしてあげたい」という一心だ。

何かきっかけになるようなことはないか。

何か今後の活躍につながるようなヒントが隠されていないか。

それを常に探していて、選手たちが下積みに耐え、一軍に行った時に、「二軍で過ごしたあの時間は良かったなあ」とか、「監督のあの言葉の意味がいまになって分かる」と思ってくれたら幸せだ。

僕自身も、いい言葉をかけてあげられるか、いい指導ができるかどうか分からないけれど、どこでもいいから、「選手の一部」でいられたらいいな、と思って、毎日、戸田のグラウンドに通っている。

２０１８年10月30日

東京ヤクルトスワローズ　二軍監督　高津臣吾

企画・構成　生島淳
カバー写真提供　株式会社ヤクルト球団
協力　株式会社よしもとクリエイティブ・エージェンシー

高津臣吾（たかつしんご）

1968年広島県生まれ。東京ヤクルトスワローズ二軍監督。広島工業高校卒業後、亜細亜大学に進学。大学では二番手投手。'90年ドラフト3位でスワローズに入団。'93年ストッパーに転向、20セーブを挙げチームの日本一に貢献。その後、4度の最優秀救援投手に輝く。2004年シカゴ・ホワイトソックスへ移籍、クローザーを務める。開幕から24試合連続無失点を続け、「ミスターゼロ」のニックネームでファンを熱狂させた。日本プロ野球（NPB）、メジャーリーグ（MLB）、韓国プロ野球、台湾プロ野球を経験した初の日本人選手。独立リーグ・新潟アルビレックスBCでは選手兼任監督としてチームを日本一に導く。'14年スワローズ一軍投手コーチに就任。'15年セ・リーグ優勝。'17年より現職。NPB歴代2位の通算286セーブ、史上2人目となるNPB／MLB通算300セーブを記録している。

二軍監督《にぐんかんとく》の仕事《しごと》　育《そだ》てるためなら負《ま》けてもいい

2018年11月20日初版1刷発行
2021年12月15日　　4刷発行

著　者 ── 高津臣吾
発行者 ── 田邉浩司
装　幀 ── アラン・チャン
印刷所 ── 萩原印刷
製本所 ── 榎本製本
発行所 ── 株式会社 光文社
東京都文京区音羽1-16-6（〒112-8011）
https://www.kobunsha.com/
電　話 ── 編集部03（5395）8289　書籍販売部03（5395）8116
業務部03（5395）8125
メール ── sinsyo@kobunsha.com

 ISBN 978-4-334-04383-4

954
警備ビジネスで読み解く日本
田中智仁

警備ビジネスは社会を映す鏡――。私たちは、あらゆる場所で警備員を目にしている。だが、その実態を知っているだろうか？「社会のインフラ」を通して現代日本の実相を描き出す。

978-4-334-04360-5

955
残業の9割はいらない
ヤフーが実践する幸せな働き方
本間浩輔

あなたの残業は、上司と経営陣が増やしている。「1 on 1」「どこでもオフィス」など数々の人事施策を提唱してきたヤフー常務執行役員が「新しい働き方」と「新・成果主義」を徹底解説。

978-4-334-04361-2

956
私が選ぶ名監督10人
采配に学ぶリーダーの心得
野村克也

川上、西本、長嶋、落合…監督生活24年の「球界の生き証人」が10人の名将を厳選し、「選手の動かし方」によって5タイプに分類。歴代リーダーに見る育成、人心掌握、組織再生の真髄。

978-4-334-04362-9

957
地上最大の行事　万国博覧会
堺屋太一

六四二二万人の入場者を集め、目に見える形で日本を変えた70年大阪万博の成功までの舞台裏を、その総合プロデューサーであった著者が初めて一冊の本として明かす！

978-4-334-04363-6

958
一度太るとなぜ痩せにくい？
食欲と肥満の科学
新谷隆史

いつか痩せると思っていても、なかなか痩せられない……。肥満傾向のある人、痩せられない人のために最新の知見を報告。健康に生きるヒントを伝える。【生物学者・福岡伸一氏推薦】

978-4-334-04364-3

959

アップルのリンゴはなぜかじりかけなのか？

心をつかむニューロマーケティング

廣中直行

商品開発は、今や「脳」を見て無意識のニーズを探る科学の時代だ。「新奇性と親近性」、「計画的陳腐化」、「単純接触効果」、「他者の力」。認知研究が導いたヒットの方程式を大公開。

978-4-334-04365-0

960

松竹と東宝

興行をビジネスにした男たち

中川右介

歌舞伎はなぜ松竹のものなのか。宝塚歌劇をなぜ阪急が手がけているのか。演劇を近代化した稀代の興行師、白井松次郎・大谷竹次郎兄弟と小林一三の活躍を中心に描いた、新たな演劇史。

978-4-334-04366-7

961

フランス人の性

なぜ「＃ＭｅＴｏｏ」への反対が起きたのか

プラド夏樹

高齢者であってもセックスレスなどあり得ない。子どもに8歳から性教育を施す。大統領も堂々と不倫をする。「性」に大らかな国・フランスの現在を、在仏ジャーナリストが描く。

978-4-334-04367-4

962

土　地球最後のナゾ

１００億人を養う土壌を求めて

藤井一至

世界の土はたった12種類。毎日の食卓を支え、地球の未来を支えてくれる本当に「肥沃な土」は一体どこにある？　泥にまみれた研究者が地球を巡って見つけた、一綴りの宝の地図。

978-4-334-04368-1

963

もしかして、私、大人のＡＤＨＤ？

認知行動療法で「生きづらさ」を解決する

中島美鈴

ＡＤＨＤ（注意欠如・多動症）とは、先天的な発達障害のひとつ。最近の研究で、大人になってもＡＤＨＤの症状が残ることがわかってきた。最新の知見と対処法のエッセンスを伝える。

978-4-334-04369-8

964
品切れ、過剰在庫を防ぐ技術
実践・ビジネス需要予測
山口雄大

「いつどれくらい売れるのか?」を予測し、適切な量と頃合いでの商品供給を可能にする、製造業には欠かせない「需要予測」の技術を実践的に学ぶ。明日からすぐに役に立つ!

978-4-334-04370-4

965
〈オールカラー版〉究極のお洒落はメイド・イン・ジャパンの服
片瀬平太

流行、ブランド、品質、値段……。本当に身になるファッションは何か。結論は「日本製服飾品」だった! 日本中を駆け廻る徹底取材でメイド・イン・ジャパンの真の魅力を明らかに。

978-4-334-04371-1

966
オリンピックと東京改造
交通インフラから読み解く
川辺謙一

首都高、東海道新幹線、モノレール、羽田空港。1964年の五輪に合わせて多くのインフラが整備された。「未成熟な巨人」といわれた東京は、五輪とともにいかにして発展してきたのか。

978-4-334-04372-8

967
劣化するオッサン社会の処方箋
なぜ一流は三流に牛耳られるのか
山口周

近年相次ぐ、いいオトナによる下劣な悪事の数々は必然的に起きている――ビジネス書大賞2018準大賞受賞著者による、日本社会の閉塞感を打ち破るための画期的な論考! 緊急出版。

978-4-334-04373-5

968
図解 宇宙のかたち
「大規模構造」を読む
松原隆彦

私たちが住んでいる宇宙とは、一体いかなる存在なのか。宇宙の大規模構造を探ることは、宇宙の起源に迫ることに直結している。実証的アプローチで迫る、宇宙138億年の真実。

978-4-334-04374-2

969
秘蔵カラー写真で味わう60年前の東京・日本
J・ウォーリー・ヒギンズ

アメリカ出身、日本をこよなく愛する「撮り鉄」が、当時は超贅沢だったカラーフィルムでつぶさに記録した昭和30年代の東京&日本各地の人々と風景。厳選382枚を一挙公開。

978-4-334-04375-9

970
100万円で家を買い、週3日働く
三浦展

家賃月1万円で離島で豊かに暮らす／狩猟採集で毎月の食費1500円……。お金をかけずに、豊かで幸せな生活を実践する人々の事例を「再・生活化」をキーワードに紹介。

978-4-334-04376-6

971
ルポ 不法移民とトランプの闘い
1100万人が潜む見えないアメリカ
田原徳容

トランプ就任以降、移民への締め付けを強めるアメリカ。それでもなお、様々な事情で「壁」を越えてやってくる人々がいる。排除と受容の狭間で揺れる「移民の国」を徹底取材。

978-4-334-04377-3

972
パパ活の社会学
援助交際、愛人契約と何が違う？
坂爪真吾

女性が年上の男性とデートをし、見返りに金銭的な援助を受ける「パパ活」が広がりを見せている。既存の制度や規範の縛りから自由になった世界の「生の人間関係」の現実とは？

978-4-334-04378-0

973
百まで生きる覚悟
超長寿時代の「身じまい」の作法
春日キスヨ

なぜ多くの高齢者は「子どもの世話にはならない」と言いつつも、結局「成りゆき任せ」「子どもに丸投げ」になってしまうのか？元気長寿者らへの聞き取りから学ぶ、人生100年時代の備え。

978-4-334-04379-7

974
暴走トランプと独裁の習近平に、どう立ち向かうか？
細川昌彦
国際協調を無視して自国利益第一で世界をかき乱す「米国問題」と〝紅い資本主義〟のもと、異質な経済秩序で超大国化する「中国問題」への解決策は。元日米交渉担当者による緊急提言。
978-4-334-04380-3

975
自炊力
料理《レシピ》以前の食生活改善スキル
白央篤司
面倒くさい？　時間がない？　料理が嫌い？　そんなものぐさなあなたに朗報！　コンビニパスタ×冷凍野菜など、作らずに「買う」ことから始める、新しい「自宅ご飯」のススメ。
978-4-334-04381-0

976
お金のために働く必要がなくなったら、何をしますか？
エノ・シュミット
山森亮
堅田香緒里
山口純
ベーシックインカム——生活するためのお金は無条件に保障される制度——は、現在、世界各地で導入の議論が盛んになっている。お金・労働・所得・生き方などの価値観を問い直す。
978-4-334-04382-7

977
二軍監督の仕事
育てるためなら負けてもいい
高津臣吾
プロ野球、メジャーリーグでクローザーとして活躍し、韓国、台湾、BCリーグでもプレー経験を持つ現役二軍監督の著者が、定評のある育成・指導方法と、野球の新たな可能性を語りつくす。
978-4-334-04383-4

978
武器になる思想
知の退行に抗う
小林正弥
事実よりも分かりやすさが求められるポピュリズムの中で主体的に生きるには、判断の礎となる「思想」が不可欠だ。サンデル流・対話型講義を展開する学者と共に「知の在り方」を考える。
978-4-334-04384-1